LA MADONE VALENCIENNOISE

OU

NOTRE-DAME DU SAINT-CORDON

PAR

L'ABBÉ A. JULIEN, CHANOINE HONORAIRE

ÉDITION ILLUSTRÉE

ACCOMPAGNÉE D'UN PETIT GUIDE DU VISITEUR DE L'ÉGLISE NOTRE-DAME

ET G. GIARD, LIBRAIRES-ÉDITEURS

VALENCIENNES

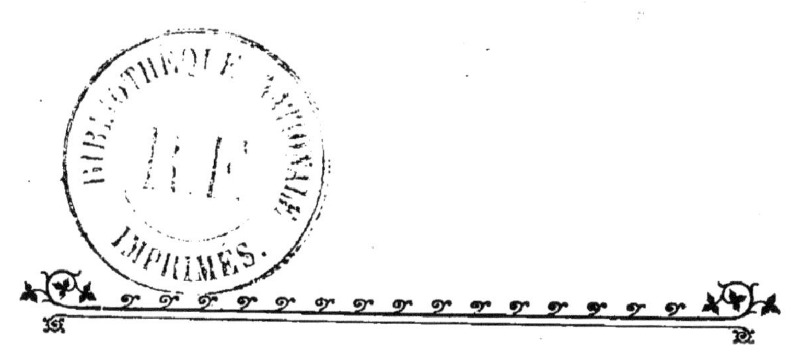

LA MADONE VALENCIENNOISE

LA
MADONE VALENCIENNOISE

OU

NOTRE-DAME DU SAINT-CORDON

PAR

L'ABBÉ A. JULIEN, CHANOINE HONORAIRE

ÉDITION ILLUSTRÉE

ACCOMPAGNÉE D'UN PETIT GUIDE DU VISITEUR DE L'ÉGLISE NOTRE-DAME

P. ET G. GIARD, LIBRAIRES – ÉDITEURS

VALENCIENNES

LA MADONE VALENCIENNOISE

CHAPITRE PREMIER

LE MIRACLE DE L'AN MIL HUIT

u début du XIe siècle, la Flandre et le Hainaut eurent à subir les ravages d'un triple fléau : la guerre et ses compagnes habituelles : la famine et la peste. La ville de Valenciennes fut particulièrement éprouvée. En 1008, vers la fin de l'été, une maladie contagieuse, aussi soudaine qu'impitoyable, y fit en peu de jours plus de huit mille victimes. Les cadavres encombraient les rues ; les maisons devenaient désertes. On ne pouvait suffire à l'enterrement des morts ; et, avec une cruauté qu'explique, sans la justifier, l'affolement général, on jetait pêle-mêle, sur des tombereaux et dans les fosses communes, les moribonds et les corps privés de vie.

L'épouvante régnait partout. Menacés d'une destruction totale, les habitants tournèrent leurs regards vers le Ciel. Ils eurent recours surtout à Celle qu'on n'invoque jamais en vain dans la détresse, à la glorieuse Vierge Marie, dont la dévotion avait toujours été en honneur dans la cité.

Non loin de Valenciennes, il y avait à cette époque un oratoire dédié à la Reine des anges, près duquel une cabane servait d'abri au dévot ermite Bertholin. Plein de compassion pour les maux qui accablaient ses compatriotes, il suppliait avec larmes Marie de venir en aide à ces malheureux décimés par la contagion. « O Souveraine du Ciel et Mère des hommes, s'écriait-il, n'êtes-vous pas la Consolatrice des affligés ? Avez-vous renoncé à ces beaux titres de Salut des infirmes et de Secours des chrétiens ? Avez-vous exclu de vos grâces la seule ville de Valenciennes ? N'exercerez-vous pas, en faveur de ses pauvres habitants, qui se font gloire de vous appartenir, cette miséricorde que vous étendez sur le reste du monde ? Leur espérance sera-t-elle vaine, et la confiance en votre bonté vous trouvera-t-elle pour la première fois insensible ? »

La Sainte Vierge se laissa attendrir. Le dernier jour du mois d'Août, elle apparut à ses regards, et lui dit : « Va trouver mon peuple de Valenciennes : annonce-lui que j'ai désarmé le bras de mon Fils. La nuit qui précédera la fête de ma Nativité, mon peuple saura que j'ai entendu ses cris de détresse. Que mes serviteurs se rendent alors sur les murailles de la ville ; ils y verront des merveilles. »

Au comble de la joie, le pieux ermite se met en mesure de remplir sa consolante mission. Il se rend à Valenciennes, et fait part à tous de la bonne nouvelle. L'allégresse la plus vive et la

confiance la plus filiale succèdent comme par
enchantement à la terreur et à l'affliction com-

munes. On se prépare aux grandes choses promises par la mortification et la prière.

Le 7 Septembre au soir, une foule considérable se réunit sur les remparts et couvre toutes les éminences, impatiente de jouir du spectacle annoncé. Tous, les yeux tournés vers le firmament, le cœur ému, sont dans l'attente du prodige.

« Et voici, dit un vieil auteur, que le ciel s'espanouit, comme à l'aube avant-courrière du soleil, les ténèbres se dissipent, la nuict se change en un beau jour, au milieu duquel on descouvre une Reyne pleine de majesté, étincelante de lumière, mais d'une lumière du paradis, telle que celle des corps bienheureux, plus brillante que le soleil, mais qui pourtant récrée les yeux sans les esblouir, et qui porte un avant-goust de la félicité souveraine, et une bluette de la gloire. Ceste Reyne, accompagnée d'une armée d'anges et de bienheureux, tenoit en la main un certain cordon ou filet, dont soudain toute la ville fut environnée. Je ne crois pas que la Vierge changea de place, mais que les anges qui l'accompagnoient portoient ce filet qu'elle tenoit à un bout, et, en ayant encerné la ville, luy mettoient en main l'autre bout. Nostre-Dame parut comme venant de la cabane de l'ermite ; et par ainsi elle se planta, selon la tradition commune, en cet endroict du Neufbourg où estoit en ce temps-là une chapelle que nos annalistes assurent avoir été bastie par l'empereur Charlemagne et dédiée à la Mère de Dieu ; et où depuis fut érigée, en révérence et mémoire de ceste grâce, l'église de Nostre-Dame-la-Grande.

» Qui nous expliquera le sentiment de toute l'assistance, la joie de leurs cœurs, l'extase de leurs esprits, les douces larmes de dévotion qui rouloient sur leurs joues, les soupirs et les sanglots qui sortoient de leurs bouches ? C'est en vain que nous nous efforcerions de les descrire, puisqu'eux-mesmes n'ont pas trouvé de paroles pour s'entretenir pendant ce mystère, mais l'ont révéré d'un chaste silence. Aussi de vray fut-ce une faveur qui ne se peut expliquer, et qui est sans exemple. Car, de grâce, où lirez-vous qu'un peuple tout entier ait jouy de l'apparition et de la contemplation de la Mère de Dieu ?

» La Sainte Vierge, s'estant soustraite des yeux du peuple, alla se rendre chez le bon ermite, qui, sans doute, dans sa chaumine jouissoit du mesme spectacle, et luy commanda de dire à ceux de Valenciennes que le jour huictième de septembre, jour de sa feste, ils eussent à faire une procession solennelle alentour de la ville selon la route que le filet leur avoit marquée, et qu'ils la continuassent d'an en an à mesme jour. Cela fut ponctuellement exécuté avec un tel succès que de ce jour la peste fut esteinte, la santé rendue aux malades. La glorieuse Vierge ne remit pas seulement dans un

nouvel embonpoinct corporel les habitants de
ceste ville, mais encore leur inspira un fervent
amour de son Fils, un nouveau désir de le servir,
et une haine inconcevable du péché, source de
tout leur malheur. Surtout elle leur imprima une
reconnaissance cordiale à l'endroict de leur Libé-
ratrice. »

On releva, avec tout le respect possible, le
gage béni de la protection de la Madone. En
reconnaissance de ce grand bienfait, le magistrat s'obligea, au nom de la ville, par vœu, à
faire annuellement, à pareil jour, une procession
commémorative en suivant la route où s'était
posé le précieux cordon. Depuis neuf siècles, les
Valenciennois ont tenu parole. Le dévot pèlerinage s'accomplit fidèlement, quelque temps qu'il
fasse. Sauf à l'époque néfaste (1566) où les
Huguenots étaient maîtres de la ville, et pendant
la période révolutionnaire, on a toujours donné
une grande solennité à cette religieuse manifestation.

CHAPITRE DEUXIÈME

LE SAINT-CORDON ET LA STATUE

DE NOTRE-DAME

LE SAINT-CORDON

RELEVÉ, roulé sur lui-même et scellé dans une boîte, « le cordon céleste filé et tyssu de la main des anges » fut renfermé dans une de ces châsses en forme de coffre, qu'on appelait autrefois *fiertres* ou *fiertes*. On le déposa dans l'oratoire du Neufbourg, et quand cette modeste chapelle fit place à l'église Notre-Dame la Grande, la châsse fut mise dans une niche pratiquée au-dessus du maître-autel.

On la descendait régulièrement deux fois l'an pour être portée à la procession du Saint-Sacrement et à celle du 8 septembre. Pendant la neuvaine de la Nativité de la Sainte Vierge, elle était exposée, dans le chœur de l'église, à la dévotion des fidèles. Dans le trajet processionnel autour de la ville, le 8 septembre, la châsse avait un rang d'honneur. Les confrères, dits *Royés*, nu-pieds et quatre par quatre, la portaient alors sur une civière, à tour de rôle, en ville et durant une partie de la route ; pour le reste, ils se faisaient remplacer par les assistants.

Diverses fois, dans le cours des siècles, la

fierte fut renouvelée ou embellie, ce qui néces-
sita plusieurs transferts du Saint-Cordon ; on
en profita pour y joindre des reliques authenti-
quées par l'autorité ecclésiastique.

Une charte de 1380 mentionne une translation motivée par l'état « de l'anchienne fiertre
qui avoit longhement duret, et qui estoit viese
et alloit à déclin ». On la remplaça par une autre
qui « fut bénite ensi que les reliques ».

En 1392, nouveau transfert dans une châsse
plus belle, sous la présidence de Dom Horion,
abbé d'Hasnon, et en présence de plusieurs prélats, des notables de la cité et des confrères.

Ce fut sans doute ce précieux reliquaire qui
excita la convoitise d'un chef de bandes nommé
Van Een. Il s'embusqua, le jour de la procession, avec ses hommes dans un endroit boisé,
sur le parcours du cortège ; et, à son passage, ils
firent main basse sur la fierte, malgré les confrères et les pèlerins, dont la résistance fut im-
puissante.

L'affreuse nouvelle se répand, le tocsin sonne
l'alarme, les compagnies bourgeoises se réunissent sous leurs bannières ; mais les faubouriens,
plus expéditifs, empoignent leurs fourches, sau-
tent sur leurs chevaux de labour et galopent sur
les traces des pillards. Ils les atteignent, les chargent avec furie, les culbutent, tuent leur chef et
reprennent la châsse. A leur arrivée en ville tout
le monde leur fit fête. Le Magistrat voulut per-

pétuer le souvenir du glorieux exploit de ces braves campagnards. Il créa une compagnie montée, uniquement formée d'habitants des faubourgs. Ils furent appelés les *Puchots*, forme populaire du mot *ponceau* : il y a là une allusion à leur costume officiel de couleur rouge. Ils avaient le privilège d'escorter dans ses sorties le Saint-Cordon, et de le défendre au besoin contre les agresseurs.

En 1531, sous la prélature de Dom Thierry, le Saint-Cordon et les reliques furent placés, par les soins de Dom Bar, trésorier de Notre-Dame, délégué à cet effet, en présence de plusieurs notables personnages, dans une autre châsse en argent ayant la forme de l'église, et ornée de sujets en relief reproduisant les principaux épisodes de la délivrance miraculeuse de Valenciennes au XIe siècle.

Lors de l'invasion des Gueux ou Huguenots, en 1566, le Saint-Cordon courut un nouvel et grand péril. Le jour de la Saint-Barthélemy, les iconoclastes se répandirent dans la ville pour y mettre à sac les édifices sacrés. Ils envahirent Notre-Dame, brisant, lacérant, brûlant tout ce qui leur tombait sous la main : psautiers, titres de fondation, archives, statues, châsses, reliquaires ; tout ou presque tout fut détruit par ces furieux. Plusieurs citoyens intrépides, à la tête desquels était Noël le Boucq, vieillard de 76 ans, tâchèrent de sauver au moins le Saint-

Cordon. Ils y parvinrent, non sans danger pour leurs personnes, et le portèrent, avec les débris de la châsse, à l'Hôtel-de-Ville, qui était défendu par la milice bourgeoise et des pièces d'artillerie.

On fit réparer la fierte, et, l'année suivante, le calme étant revenu, on y renferma le Saint-Cordon avec les cérémonies prescrites. Dom Michel du Quesnoy, abbé d'Hasnon, procéda à cette translation.

En 1661, on remplaça la châsse par un véritable chef-d'œuvre d'orfèvrerie, ayant la forme de l'église Notre-Dame, et reproduisant, dans sa partie décorative, l'histoire entière du premier miracle. Dom Mathias le Roulx, abbé d'Hasnon, y scella le contenu de l'ancienne fierte, après les constatations d'usage. Mais, dans le désir de faire grand et beau, on perdit de vue les dimensions de la niche destinée au trésor des Royés. Il fut impossible de l'y caser. Force fut de lui choisir un autre emplacement. On se résigna à le mettre derrière l'autel, dans une sorte d'armoire, d'où on le tirait pour les processions. Il y demeura près d'un siècle.

En 1755, les Royés d'alors, sous la pression du sentiment populaire, voulurent remédier à cet état de choses. Sollicité par eux, Dom Théodore Crespin leur accorda la faveur d'abriter la fierte dans la chapelle située derrière le chœur, où les abbés d'Hasnon disaient de préférence la messe quand ils se trouvaient en ville. Le prélat, qui estimait beaucoup la célèbre confrérie, et avait en vénération le gage précieux confié à sa garde, voulut procéder lui-même à la translation. Elle eut lieu en grande pompe, après la messe solennelle clôturant la neuvaine de la Nativité de Marie ; le Magistrat en corps y assista, ainsi qu'une foule considérable de fidèles.

A l'époque de la Révolution, les églises de Valenciennes furent pillées (1794). La châsse des Royés, portée chez un commissaire, demeurant rue de la Viéwarde, fut ouverte, et on jeta dans un coin les reliques. Un citoyen bien intentionné en ramassa une partie qu'il remit à Thomas Bouly, l'ancien de la confrérie. Ce dernier, à sa mort, légua ce dépôt sacré au P. Simon Barbet, Capucin, aumônier de l'association. Ce religieux, au rétablissement du culte, devint desservant d'une paroisse de Valenciennes : celle qui porte actuellement le nom de paroisse Notre-Dame du Sacré-Cœur. Qu'a-t-il fait des reliques? A défaut de renseignements positifs, on peut conjecturer qu'elles lui ont paru en si mauvais état de conservation qu'il n'a pas jugé à propos de les remettre en honneur.

LA STATUE DE NOTRE-DAME.

Dans la procession commémorative nous voyons apparaître autrefois des statues de la Sainte Vierge : Notre-Dame du Rosaire, Notre-Dame du Scapulaire, etc. ; mais le miracle du

Saint-Cordon n'était figuré que par un ange en argent « qui sembloit ramasser en peloton le filet de Nostre-Dame ». Un religieux d'Hasnon, revêtu d'un surplis et d'une étole, et à cheval, le portait devant la fierte des Royés. Cette effigie devait donc avoir des proportions fort restreintes. Le premier curé de Notre-Dame après le Concordat, M. Lallemand, afin de raviver la dévotion envers la Sainte Vierge, fit sculpter en bois une statue spéciale représentant la céleste Mère dans l'attitude qu'elle prit quand elle vint délivrer Valenciennes de la contagion. L'idée était heureuse ; elle fut réalisée au delà de toute espérance.

La statue de Notre-Dame du Saint-Cordon est sur un socle, dont les quatre faces sont ornées de médaillons retraçant le prodige du XIe siècle. Un sourire maternel illumine le visage de Marie, et ses bras sont ouverts pour distribuer ses largesses. Elle tient une tresse d'argent que des anges reçoivent de ses mains avant de prendre leur essor. A ses pieds, l'ermite Bertholin est agenouillé et semble implorer son assistance. Elle est ornée du magnifique diadème qu'au nom de Léon XIII, Mgr Sonnois, archevêque de Cambrai, a déposé sur son front, en 1897, le jour de son couronnement solennel. C'est une couronne en or massif de 0,34 centimètres de circonférence. Le bandeau est relevé par une torsade en émail translucide, par de dé-

licats ornements en filigranes et par plusieurs
lapis, améthystes et topazes. Des lis héraldiques
semés de petits brillants y donnent naissance à
six arceaux en filigranes, bordés de torsades et
garnis de pierres précieuses. Ils se terminent
par six têtes d'anges soutenant un disque, con-
sistant en une pièce d'or de cent francs. Le disque
supporte une boule de lapis surmontée d'une
croix ornée de brillants et de perles fines. Ce
joyau est l'œuvre de M. Brunet.

Quand la Madone sort en ville, on la revêt
d'un manteau en velours de soie bleu, parsemé
de fleurs or et argent et bordé d'arabesques et
de lis de différents ors. Lorsqu'on doit la porter
pour le Grand Tour, on remplace, dans la campagne, sa parure somptueuse par une autre plus
simple. Pendant la neuvaine de la Nativité, elle
est exposée dans le chœur de l'église, du côté de
l'évangile, exactement comme l'était jadis la fierte
des Royés. En autre temps, elle trône dans sa
chapelle si magnifiquement décorée, qui se trouve
derrière le maître-autel.

C'est devant cette statue vénérée, image de leur
céleste Protectrice, que, depuis un siècle, de nombreux fidèles viennent implorer la Sainte Vierge
de les éclairer, de les fortifier, de les consoler ou
de les guérir. C'est elle qui fait le principal orne-
ment de la procession annuelle. Un peuple immense la précède ou la suit. Le clergé l'accom-
pagne en chantant des hymnes, des psaumes ou

des cantiques. Des groupes nombreux et variés lui font cortège. En ville, elle est portée par des jeunes filles en robes blanches ; dans la campagne, les confrères, les pèlerins, les femmes la prennent successivement sur leurs épaules. Afin de contenter le pieux empressement des fidèles, on fait halte fréquemment pour changer les porteurs. La Madone s'avance ainsi, comme dans une marche triomphale, au milieu d'innombrables pèlerins qui acclament Marie, l'implorent, la bénissent, chantent ses gloires et ses bontés avec un enthousiasme communicatif dont l'effet est irrésistible.

CHAPITRE TROISIÈME

LES CONFRÉRIES

LES ROYÉS

LE miracle de l'an 1008 donna naissance à plusieurs sodalités. La première en date est la confrérie de la Fierte Notre-Dame. Les membres étaient désignés sous le nom de Royés, appellation populaire tirée d'une particularité de leur costume. Il portaient primitivement, en cérémonie, une robe dont le corsage était *royé* (rayé), dans le sens vertical, de bandes de couleurs, tantôt faisant partie du tissu, tantôt ajoutées et cousues sur le drap, par raison d'économie. Le reste du vêtement était de couleur uniforme. Ce costume a varié suivant les époques. Vers la fin du XIVe siècle, il se compose d'une cotte hardie, robe longue à manches étroites, et d'un chaperon *« pour viestir deseure »*. Au XVIe siècle, les Royés, à l'exemple de plusieurs confréries, prennent chaque année une couleur différente pour leur robe, en passant par le gris, le rouge et le bleu, pour recommencer ensuite la série. En 1541, les trois teintes adoptées sont le noir, le gris et le tanné ou roussâtre. Le drap n'est plus rayé. Il n'y a désormais qu'une bande large de deux doigts formée de plusieurs nuances et appliquée sur le côté gauche de la robe depuis l'épaule jusqu'en bas. Au XVIIIe siècle, la tenue officielle est une robe noire bordée du haut en bas d'un galon aurore (orangé clair), avec un large ruban bleu en sautoir. Précédemment ils avaient aussi une écharpe, mais elle était en festons de lierre. On voit que toujours on a voulu, par le signe extérieur caractéristique des raies, rappeler le cordon miraculeux. Pour compléter leur tenue de procession, les confrères portaient en main, de temps immémorial, chacun une « blanque verge », c'est-à-dire un blanc bourdon, sorte de bâton à tête ronde, au haut duquel était adaptée, au moyen d'une courroie, une boursette renfermant de la menue monnaie pour l'offrande, et un bouquet de fleurs.

Les Royés ne comprenaient dès l'origine que 26 membres, choisis parmi les principaux citoyens de Valenciennes. A la fin du XIVe siècle, leur règlement autorisa l'inscription de 36 adhérents, chiffre maximum. Les listes que nous possédons montrent que ce total fut rarement atteint. Elles indiquent les noms des confrères par ordre d'ancienneté dans la compagnie. Toutefois les religieux et les prêtres sont classés avant les laïques.

Au XVIIe siècle, la confrérie, pour acquiescer sans doute aux instantes suppliques « du dévot sexe féminin », admit des consœurs. Il se forma alors comme une seconde association pieuse, affiliée aux Royés, et qui se recruta indistinctement chez les hommes et chez les femmes. On y compta plusieurs milliers de membres de tout âge et de toute condition.

La confrérie de la Fierte Notre-Dame ou des Royés, approuvée d'abord par l'autorité épiscopale, fut confirmée dans la suite par plusieurs Papes, et enrichie par de nombreuses faveurs spirituelles.

Nous n'avons pas de détails sur la première organisation des confrères Royés. D'après des documents qui remontent au XIVe siècle, on distinguait parmi eux les simples membres, les maîtres et les élus. Les maîtres, au nombre de trois, étaient élus chaque année par voie de suffrage, le 8 septembre, à l'issue du dîner pris à l'Hôtel-de-Ville. Immédiatement après, chacun d'eux faisait choix d'un suppléant, en cas de mort ou d'absence. Ce choix devait être ratifié par la confrérie. Celle-ci, par vote, prenait également un suppléant qui devait sans doute remplacer un maître et son suppléant en cas de disparition des deux en cours de charge. Les 4 suppléants portaient le nom d'élus. Il y avait encore un chapelain spécial qui célébrait chaque semaine, au maître-autel, deux messes chantées et cinq messes basses aux intentions de la sodalité. Un varlet ou commissionnaire était chargé des courses.

Les trois maîtres devaient faire les convocations aux cérémonies religieuses et aux repas de corps ; régler les dépenses de table ; acheter, moyennant indemnité, le drap pour les vêtements officiels des confrères, afin d'avoir l'uniformité dans la couleur ; faire porter par le varlet à chaque membre, la veille des processions, les accessoires mis en dépôt dans le local de la compagnie, savoir : la coiffure (chaperon ou chapeau selon les époques), l'écharpe, le bourdon, la courroie, la boursette munie d'une pièce de monnaie pour l'offrande. Les cierges qui brûlaient devant la fierte pendant la procession du Saint-Sacrement, pendant celle du 8 septembre, et pendant l'octave de la Nativité de Marie, étaient à leur charge, ainsi que les honoraires du varlet (20 sols tournois) et ceux des musiciens qui précédaient leur groupe dans les sorties. Les 3 maîtres formaient avec les 4 élus une sorte de tribunal d'arbitrage pour régler les différends soulevés entre confrères.

Afin que chacun pût devenir maître à son tour, on avait réglé qu'on ne pouvait être renommé qu'après être sorti depuis onze ans, sauf le cas de pénurie de compagnons. Le maximum des membres étant 36 ou 12 séries de 3, ceux qui avaient fait partie de la première devaient laisser entrer en charge les 11 autres séries, avant de redevenir candidats à la maîtrise. On n'était éligible pour la première fois qu'après avoir reçu son second vêtement officiel.

L'exactitude aux réunions réglementaires et

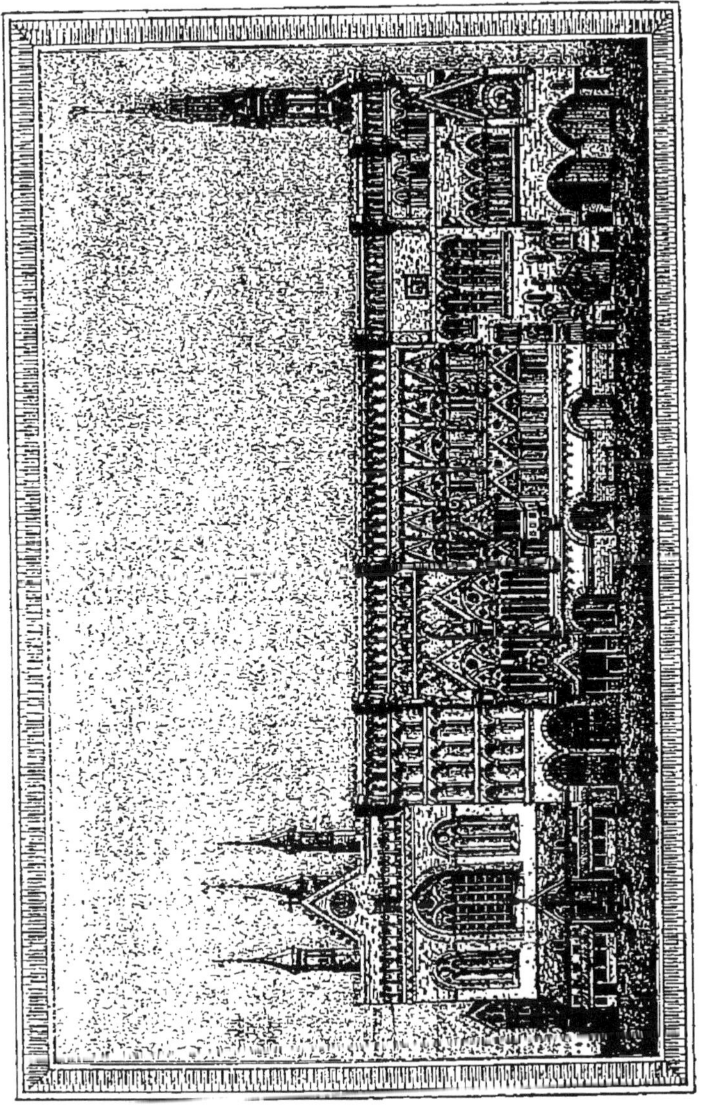

aux emplois était stimulée par des amendes.
Les confrères devaient assister en robe aux pro-

cessions du Saint-Sacrement et du 8 seprembre,
aux funérailles soit des associés, soit de leurs
femmes, au mariage soit des confrères, soit de
leurs enfants, à certaines messes de fondation.

La plus solennelle de leurs sorties avait lieu
à l'occasion de la procession commémorative du
miracle. Dans les chartes qui nous ont été con-
servées, on détaille minutieusement le pro-
gramme.

La veille de la Nativité, les Royés inaugurant
leur costume de l'année se réunissent vers
3 heures à la Maison de ville. De là ils partent
en rang pour Notre-Dame la Grande, précédés
de quelques musiciens et de 4 porteurs de flam-
beaux allumés. Arrivés à l'église, ils se groupent
autour de leur châsse préalablement descendue
de sa niche, et assistent aux premières vêpres
de la fête que chante leur chapelain. Ils reviennent alors à la Maison de ville, où, dans la
grande salle d'entrée, ils font une collation
légère à cause de la vigile. Elle consiste en deux
tasses de vin blanc et une cuillerée de dragées,
qu'ils prennent assis sur un banc, et une ser-
viette sur les genoux en guise de table. Ils
règlent alors ce qui concerne la cérémonie du
lendemain et se séparent.

Le jour de la procession, vers 7 heures, ils se
retrouvent encore à la Maison de ville. Ils en
partent avec le même cérémonial que la veille
pour Notre-Dame, où leur chapelain dit une

messe pendant laquelle ils vont à l'offrande. Leurs musiciens jouent un morceau avant la messe et après l'élévation. Le moment du départ arrivé, les confrères se mettent nu-pieds et chargent sur leurs épaules la châsse qu'ils portent 4 par 4 à tour de rôle. Les vieillards de 60 ans et plus sont exemptés de cette tâche, et n'accompagnent le groupe que jusqu'à l'église de Notre-Dame de la Chaussée. C'est là également qu'ils vont reprendre leur rang au retour du cortège. Les Royés sont placés dans la procession après toutes les autres confréries, comme marque de déférence pour leur précieux fardeau. La fierte est précédée d'un moine à cheval, et en habit de chœur, tenant un ange d'argent qui a en mains un cordon pelotonné. Au milieu des Royés, s'avance, à la tête d'une escouade de cavaliers, le lieutenant le Comte, accompagné de deux échevins. Pendant le trajet hors de la ville, les confrères se font aider par les pèlerins, qui s'empressent en grand nombre pour porter la châsse, observant la clause, qui est restée longtemps obligatoire, de ne le faire qu'à pieds nus. Sauf exception motivée par des circonstances particulières, les autres châsses s'arrêtent à peu de distance des remparts ; celle des Royés seule accomplit en entier le pieux voyage. Ces derniers, après la procession, reviennent à l'Hôtel-de-Ville, d'où le Magistrat s'absente pour qu'ils en disposent. Ils y trouvent le dîner traditionnel préparé grâce aux soins des trois maîtres, à qui chacun doit, pendant le repas, payer son écot de huit sols tournois : somme minime, mais la ville fournit le vin, et la caisse de l'association comble le déficit. Durant ces agapes, les Royés se tiennent assis en robe, sur un seul rang, comme des religieux. Le dernier plat servi, on procède à l'élection de trois maîtres et de 4 élus pour l'année suivante.

On n'admettait dans la confrérie que des hommes de naissance légitime et de réputation intacte ; une conduite irrégulière entraînait l'exclusion après avertissement infructueux. Tout confrère nouvellement nommé jurait sur le missel devant le maître-autel, en présence du chapelain et d'au moins 20 des membres de la sodalité, d'accepter les statuts. Il lui fallait en outre payer sa bienvenue, faire les frais du costume annuel, solder sa part de dépenses des repas de corporation, et, dans le cours de l'année de sa réception, acheter au profit de la pieuse société une rente de « chuincq sols blancs ». Cette rente fut élevée au XVIe siècle à 20 sols, avec facilité de payer en bloc le capital, soit 20 livres. Les fils des confrères n'étaient taxés à leur admission que de la moitié de la somme. A défaut de ressources de la caisse commune alimentée par les rentes, les amendes et les dons, et gérée par un receveur (probablement l'un des trois maîtres), chacun devait supporter sa part des frais nécessaires à

NOTRE-DAME DE LA CHAUSSÉE.

l'entretien ou au renouvellement de la châsse.
A partir du XVIIIe siècle, nous voyons figu-

rer sur les listes un confrère avec le titre d'ancien : c'est celui qui compte le plus d'années
d'inscription. Il est à présumer qu'il exerçait sur
les autres une sorte d'autorité pour tout ce qui
concernait l'administration de la compagnie.

LES DAMOISEAUX.

Au XIVe siècle, les gentilshommes qui faisaient partie des Royés jugèrent à propos de
faire une agrégation spéciale qui prit le nom
de confrérie des Damoiseaux. Grâce à des
dons généreux, elle devint bientôt fort riche :
aussi put-elle déployer dans les cérémonies
religieuses une somptueuse magnificence. Les
statuts fixèrent à 30 le nombre des membres,
en souvenir des 30 deniers de Judas, pour réparer, autant que possible, par des hommages
trente fois répétés, le marché monstrueux de
l'avare Iscariote. Ils avaient également pour but,
comme les Royés, l'honneur, la louange et
l'exaltation « del benoite Viergène Marie ».

Pour être admis dans ce corps d'élite, il fallait
justifier de ses titres de noblesse. Nous voyons
inscrits, sur les listes parvenues jusqu'à nous, les
personnages les plus illustres du pays ; et plusieurs seigneurs ou princes étrangers se firent
gloire d'être comptés parmi les Damoiseaux.
L'abbé d'Hasnon, qui avait la prévôté Notre-
Dame sous sa dépendance, était de droit prési-
dent de la confrérie.

Les associés adoptèrent un spendide costume sur la manche duquel il y avait un lis en perles avec ces mots en broderie : *Ave Maria*. Plus tard ils ornèrent leur manteau d'une plaque d'argent doré où l'on voyait gravée l'image de la Sainte Vierge.

Ils avaient leur fierte placée dans une chapelle de l'église N.-D. la Grande, située derrière le chœur et nommée chapelle de N.-D. Miraculeuse ou des Miracles, à cause des nombreux et éclatants prodiges qu'y opérait la Reine du Ciel. Ce nom est passé à la fierte, qui s'appelait fierte de N.-D. des Miracles. Dans ce sanctuaire il y avait une statue de la Sainte Vierge ; et il est vraisemblable qu'on la portait en procession ; mais elle n'a pas laissé de trace dans l'histoire.

En 1730, les Damoiseaux délaissèrent cette chapelle pour s'installer dans une autre dédiée à saint Nicolas, et située près d'une porte latérale de l'église.

La châsse des Damoiseaux, qui contenait beaucoup de reliques, fut plusieurs fois réparée et embellie. Les Calvinistes la brisèrent au XVIe siècle ; mais les confrères en firent confectionner une autre en 1588 ; ils y enfermèrent de nouvelles reliques.

Au début du XVIIIe siècle, ils commandèrent à Henri Gérard, orfèvre douaisicn, pour leur saint trésor, un reliquaire de trois pieds de long, orné de bas-reliefs d'une grande beauté.

Les ossements sacrés y furent scellés par Dom Rupert de Los, abbé d'Hasnon, délégué par Fénelon pour cet office.

Le règlement des Damoiseaux a plus d'un point de ressemblance avec celui des Royés. Ils sont gouvernés par deux maïeurs ou maîtres annuels qui paient cet honneur par certaines dépenses, et préparent les objets nécessaires les jours de sortie, notamment pour la procession du Saint-Sacrement et celle du 8 septembre; savoir : le vin et les dragées pour la collation de la vigile ; et pour le lendemain les courroies, boursettes, torches (4 de 10 livres chacune), chapeaux à guirlandes de pervenches, bourdons, etc. Par le varlet de la compagnie ils convoquent les musiciens (deux *trompeurs*, un ou deux *corneurs*, un *tabureur*) et le héraut de la cité, Franquevie, dont le nom passait avec sa charge à tous les titulaires successifs. De droit traditionnel, Franquevie, revêtu de ses insignes, marchait en procession devant les confrères. Ils avaient même le privilège de nommer un autre héraut, quand la place était vacante. L'élu devait prêter serment de fidélité à la ville et à la noble confrérie.

Les maîtres ont aussi à s'occuper du repas plantureux qui suit la procession commémorative. Le règlement prévoit tout avec un soin extrême : mets, entremets, desserts variés, boissons. Pour satisfaire le robuste appétit des convives, encore aiguisé par les fatigues du Grand Tour, on voit figurer sur les tables :

FÉNELON.

viande salée, mouton, un demi-oison et un poulet pour chacun, pâté d'anguilles, gâteaux fourrés (un au beurre, un autre au fromage par convive), brochet, carpe, crevettes, flan, poires, raisin blanc et noir, « gaugues » etc. Le vin est en abondance : la ville souvent en fait la fourniture. Quand la fête tombe un jour d'abstinence, le menu est modifié pour se conformer aux lois de l'Eglise.

On interrompt le dîner avant le dessert, pour nommer par voie de suffrage les nouveaux maîtres. Ceux-ci paient leur bienvenue le lendemain par un repas dont ils font les frais.

Les Damoiseaux doivent se procurer le drap de la compagnie chaque année pour leur costume. Ce costume ne peut être ni vendu, ni donné avant l'an écoulé. Il y a prescription de le porter tout le jour quand on a figuré à la procession ou à une cérémonie obligatoire, comme par exemple aux funérailles d'un confrère. Le droit d'entrée dans l'association est de « cent sols tournois », et la cotisation annuelle de « six vies gros tournois ». Chaque membre lègue à sa mort pour la caisse commune 40 sols. Les frais de chapellenie sont supportés par les fonds de réserve, ainsi que les dépenses d'entretien de la châsse : les confrères se sentent fiers de constater qu'ils n'y emploient que leurs deniers, « sans nul aywe de l'aultrui. »

Après des siècles de gloire, la célèbre sodalité commença à décliner. A l'époque où fut publiée la *Cour saincte* du P. d'Oultreman (1653), les repas de corps n'avaient plus lieu, nous dit l'auteur. Les registres, aux approches de la Révolution, ne donnent plus d'autres noms que ceux des prélats religieux de Valenciennes et des environs. Jacquemes Gouche est le premier

LÉON XIII.

confrère inscrit en 1333, et Henri Dubois, abbé de Vicoigne, clôt les listes en 1779.

CONFRÉRIE DU SAINT-CORDON.

Les confréries des Royés et des Damoiseaux disparurent dans la tourmente sociale.

Quand la paix fut rendue à l'Église de France, Mgr Belmas les rétablit canoniquement sous le titre unique de confrérie de Notre-Dame du Saint-Cordon. De nouvelles faveurs furent concédées par le pape Léon XII en 1823 aux associés : notamment une indulgence plénière au jour de l'admission, à l'article de la mort, et chaque année le dimanche dans l'octave de la Nativité de la Sainte Vierge. Léon XIII, en 1892, a accordé le privilège d'un office et d'une messe propres de la Madone, obligatoires pour le clergé de Valenciennes.

Comme marque distinctive commune, les confrères et les consœurs portent une cocarde bleue frangée d'argent. De plus les confrères tiennent à la procession un bâton blanc surmonté d'une touffe de buis.

La pieuse association contient un grand nombre de membres. Pour en faire partie il faut :

1º se faire inscrire sur les registres de la confrérie ;

2º réciter journellement une prière en l'honneur de la Sainte Vierge. On est invité à y joindre cette invocation : « Notre-Dame du Saint-Cordon, priez pour nous. »

CHAPITRE QUATRIÈME

LES ÉGLISES.

LA CHAPELLE DU NEUFBOURG.

C'EST dans ce modeste oratoire, bâti par Charlemagne « pour son propre usage et dévotion », que le Saint-Cordon trouva son premier asile. Marie avait plané au-dessus de cette chapelle, tandis que les anges, recevant de ses mains le précieux gage de la délivrance, faisaient le tour de la ville en le laissant tomber sur leur passage. Elle semblait avoir fait choix de l'emplacement ; il n'y avait plus qu'à obéir. Les pieux visiteurs ne manquèrent pas ; leur nombre devint même bientôt si considérable qu'on sentit la nécessité de construire là un temple plus digne de la Reine des Cieux. Ceux qui en prirent l'initiative firent appel à la reconnaissance de tous. Les dons affluèrent. Le pauvre apporta son obole, le riche bourgeois sa généreuse offrande. On commença sans tarder à bâtir ; mais les ressorces firent défaut, et, les fondations creusées, il ne fut possible d'achever qu'une chapelle où le Saint-Cordon reçut une place d'honneur.

Pendant 30 ans les travaux furent interrompus. Enfin la comtesse Richilde, qui gouvernait le pays, voyant le zèle des Valenciennois entravé

par le manque d'argent, entreprit de construire
à ses frais l'édifice. C'était en 1040. Les choses
toutefois traînèrent en longueur, et quand
Richilde se démit du pouvoir en faveur de son
fils, il n'y avait de terminé que le chœur, le transept et leurs chapelles adjacentes.

Baudouin II, mettant le couronnement à
l'œuvre charitable de sa mère, fit édifier les nefs,
les tours et les bâtiments d'habitation. L'inau-
guration de Notre-Dame la Grande, ainsi
s'appela ce temple, eut lieu en 1086. Elle fut
donnée par Baudouin aux Bénédictins d'Hasnon
avec d'importants revenus pour leurs dépenses
et les frais du culte.

L'ÉGLISE DE NOTRE-DAME LA GRANDE.

Construite sur les plans de l'architecte Jean
Hosson, elle était la plus belle de toute la contrée. Simon Leboucq, historien valenciennois,
nous en a laissé, dans un manuscrit, des croquis
intéressants ; on en trouve également une vue
extérieure dans l'ouvrage intitulé : *Délices des
Pays-Bas*. Elle a subi, durant le cours des siècles, des réfections successives qui ont pu, dans
une certaine mesure, altérer le style primitif ;
mais nous y rencontrons, en ses grandes lignes,
l'architecture du XIe siècle.

Sa forme était celle d'une croix latine. Outre
la grande nef, il y en avait deux latérales, se
joignant en déambulatoire derrière le sanctuaire.

Au-dessus des bas-côtés couraient deux galeries superposées, ouvertes au public pour les fêtes ;

NOTRE-DAME LA GRANDE.

elles augmentaient le nombre des places disponibles. Au milieu du transept s'élevait un dôme d'une grande hauteur, nommé le *Trou d'Or*, à cause des effets de lumière produits par le soleil à travers ses vitraux. Le chœur était surélevé, selon l'usage du temps motivé par l'existence des cryptes ; il avait une profondeur de 20 mètres.

Au-dessus du maître-autel artistement sculpté se trouvait un enfoncement où l'on mit, pendant des siècles, la fierte des Royés. Ces confrères descendaient et remontaient eux-mêmes leur châsse, par respect pour son précieux contenu.

Au XVIIe siècle on plaça au bord du chœur un magnifique jubé, œuvre de l'habile sculpteur A. Lottman, et on suspendit à la voûte un immense candélabre en cuivre doré.

De nombreuses statues ornaient le chœur et les nefs. On comptait aussi beaucoup de chapelles, tant dans l'abside que dans les bas-côtés. Les plus remarquables étaient celle de N.-D. des Miracles où les Damoiseaux avaient leur fierte ; deux chapelles superposées, chefs-d'œuvre des Hosson, père et fils ; la chapelle du Saint-Cordon où reposa la fierte des Royés dans la seconde moitié du XVIIIe siècle ; celle de saint Luc ; celle de saint Eloi. Elles étaient toutes dans l'abside ; mais il est possible que plusieurs de ces noms désignent le même sanctuaire. Plusieurs corporations avaient leur autel dans les bas-côtés ; et à l'entrée de la nef s'ouvrait la célèbre chapelle de N.-D. de Hal.

Les prélats d'Hasnon administrèrent l'église N.-D. la Grande par le moyen de leurs religieux,

auxquels ils adjoignaient parfois un prêtre sécu-
lier, faisant fonction de curé. Le dernier curé
fut un Bénédictin, Dom Selosse, de Wambre-
chies. Il fut guillotiné le 15 octobre 1794 sur la
grande place de Valenciennes, à l'âge de 50 ans,
par les Révolutionnaires, en haine de la foi.

A cette époque néfaste les richesses sacrées
et artistiques de l'église furent, selon un ironi-
que euphémisme, *désaffectées*, c'est-à-dire qu'on
les vendit à vil prix, qu'on les pilla : cataloguant
seulement les principales pour les mettre, d'après
le style d'alors, « à la disposition de la nation. »
Le temple et l'habitation des moines desservants
furent confisqués. Déclarés biens nationaux, ils
servirent à emmagasiner des effets militaires.
Peu après, comme les voûtes menaçaient ruine,
le ministre des finances autorisa la municipalité
à se défaire de ces immeubles à son bénéfice.
Notre-Dame la Grande fut achetée par un sieur
A. Perrin, démolie, et, sur son emplacement, on
éleva des maisons particulières. Le logement
des religieux, la prévôté, comme on l'appelait,
restée en partie à la ville, est actuellement
l'Hôtel de la sous-préfecture.

L'ÉGLISE PROVISOIRE.

Lors de la réorganisation des paroisses, l'une
d'elles reçut, avec le titre de Notre-Dame, le
privilège d'être le centre de la dévotion à la
Vierge du Saint-Cordon. Il fallut chercher un

local pour les exercices du culte. On s'installa provisoirement dans une partie de l'ancien Hôtel-Dieu. La chapelle et une des salles formèrent une longue pièce de 60 mètres de long sur 11 mètres de large, mal pavée, traversée à hauteur de l'étage par de lourds et informes sommiers. On y mit le mobilier indispensable, et l'église paroissiale fut ouverte. Les fidèles qui avaient connu les splendeurs de l'ancienne église avaient peine à s'habituer à ce dénûment : « Ce n'est plus Notre-Dame *la Grande*, disaient-ils, c'est Notre-Dame *la Grange*. »

Pour remplacer la châsse des Royés disparue, le doyen, M. Lallemand, fit faire la belle statue de Notre-Dame du Saint-Cordon, que l'on vénère de nos jours; mais on dut la reléguer, faute de place, presque au fond de l'église, dans un modeste habitacle. Trois doyens se succédèrent dans ce pauvre temple. Ce qu'ils souffrirent Dieu seul le sait ! Afin d'avoir un second autel indispensable, il fallut en installer un dans le chœur même, où il formait écran pour une partie de l'assistance. Les catéchismes, en cet espace restreint, se faisaient dans des conditions déplorables. Les jours de solennité, la foule débordait sous le porche et dans la rue ; et les retardataires devaient se priver de messe ou aller dans une autre église. Les processions intérieures du Saint Sacrement étaient impossibles; et quand arrivaient celles de la Fête-Dieu ou du

Saint-Cordon, l'organisation initiale du cortège,
la sortie, la rentrée des groupes, devenaient un

problème inextricable ; il fallait des prodiges
d'ingéniosité et de patience pour le résoudre.
En ces moments, le sanctuaire était envahi, les

stalles occupées, la sacristie encombrée de civières, de tréteaux, de bannières : le clergé n'avait plus que l'autel pour refuge. L'emplacement était si mesuré pour toutes choses que la plupart des reliques qui avaient échappé au pillage furent enfermées dans un coffre qu'on scella dans le mur situé derrière le maître-autel, à une hauteur analogue à celle qu'occupait, dans l'église Notre-Dame la Grande, la Châsse du Saint-Cordon. Mais le coffre était à demeure, et la légère saillie qui signalait sa présence pouvait passer pour une défectuosité de la muraille. Il fut peu à peu oublié des fidèles et du clergé lui-même, si bien que, quand eut lieu, en 1864, la translation solennelle des objets du culte de la vieille église dans la nouvelle, le vénéré trésor resta dans le bâtiment sécularisé, sous la sauvegarde des bons anges. Quand on démolit l'antique Hôtel-Dieu, la pioche des ouvriers mit à nu une caisse mystérieuse, qu'après pourparlers, on transporta à la cure. Elle y fut ouverte et son précieux contenu inventorié, selon les règles usitées en pareille circonstance.

Pour se consoler de devoir accomplir leur ministère sacré dans des conditions si difficiles, les pasteurs de Notre-Dame se disaient et disaient à leurs ouailles : « C'est provisoire. » Hélas ! ce provisoire dura plus soixante ans.

L'ÉGLISE NOTRE-DAME DU SAINT-CORDON

Le projet relatif à l'érection d'un nouveau temple en l'honneur de la Sainte Vierge passa, en 1849, dans la sphère de la réalisation. Une liste de souscription recueillit dans la paroisse près de 200.000 francs. On acheta un terrain aux environs de la rue du Quesnoy, et on se mit à l'œuvre. Mgr Régnier bénit la première pierre en 1852. Il y eut un temps d'arrêt dans les travaux jusqu'en 1855. A cette époque, l'administration communale, à la tête de laquelle était M. Bracq, les reprit à sa charge, à condition que la ville serait propriétaire de l'édifice : mais elle admit cette clause qu'il ne servirait qu'au culte catholique. Tout marcha dès lors à souhait, et, en 1864, l'église fut consacrée solen-nellement par le même prélat qui en avait bénit la première assise.

Elle est faite sur les plans de Grigny d'Arras, et reproduit assez exactement l'église de Genève construite par le même architecte pour Mgr Mermillod. Le style de l'ouvrage est le gothique pur. Le maître-autel en marbre blanc renferme, dans son soubassement, un beau groupe représentant la Mise au tombeau de Notre Seigneur. Autour du sanctuaire s'ouvrent 5 chapelles: deux à gauche, celles de Saint-Joseph et des Trépas-sés ; deux à droite, celles de Saint-Vincent de Paul et du Sacré-Cœur. L'élégante chapelle du

chevet est dédiée à Notre-Dame du Saint-Cordon. C'est là que repose la statue, en temps
ordinaire. Les vitraux de l'église sont exécutés
d'après un plan iconographique conçu par
l'abbé Capelle, décédé doyen de Saint-Géry à
Valenciennes. Ce thème ingénieux une fois
achevé forme, dans son ensemble, un charmant
poème à la gloire de la Reine du Ciel, libéra-
trice et patronne de la cité valenciennoise. On
admire encore dans l'église Notre-Dame du
Saint-Cordon les fonts baptismaux, la chaire, le
Chemin de Croix, les orgues, et, dans le trésor
paroissial, un ostensoir historié qui est un véritable chef-d'œuvre d'orfèvrerie. Toutes ces
richesses ont un cachet aussi religieux qu'artistique.

Une description méthodique de ce monu-
ment, à l'usage des visiteurs, se trouve à la fin
de cet ouvrage.

MONSEIGNEUR RÉGNIER.

CHAPITRE CINQUIÈME

LES PROCESSIONS

JADIS. — La procession commémorative du 8 septembre, au XVIIe siècle surtout, se faisait avec une solennité extraordinaire. Maîtres et ouvriers, riches et pauvres, rivalisaient d'ardeur longtemps d'avance pour y apporter, selon leurs moyens et leur position, un concours utile. On décorait les rues d'arcs de triomphe ; on tirait des bahuts costumes et emblèmes particuliers aux stils (métiers), serments ou confréries ; on se concertait dans des réunions préparatoires ; car chacun voulait faire bonne figure dans le cortège de la Sainte Vierge.

Le dernier jour du mois d'août, à midi, la grosse cloche de Notre-Dame la Grande se met en branle, et sonne le *long coup*, en souvenir des pieuses exhortations de Bertholin. Elle dit aux Valenciennois, avec sa voix de bronze, qu'ils doivent se préparer chrétiennement à la fête. La veille du grand jour le mouvement s'accentue davantage. On va au-devant des fiertes. De toutes les églises et des couvents sortent les reliquaires destinés à la procession ; ils se dirigent vers Notre-Dame la Grande portés par des religieux ou des confrères, et là sont rangés dans le vaste chœur de l'église. Ils y passent la nuit, gardés par plusieurs citoyens qui font partie des milices bourgeoises.

Le 8 septembre, de bonne heure, on se rend à Notre-Dame où le Saint Sacrifice se célèbre à beaucoup d'autels. A 8 heures, on chante une grand'messe avec le concours des musiciens renommés de la chapelle échevinale de Saint-Pierre ; puis les groupes se forment aux abords du temple. Le signal est donné ; la longue et pieuse théorie se déroule à travers les rues de la ville et sort des murs par la porte dite « Cambrisienne », ou « Cambrésienne », pour s'arrêter près de la fontaine Saint-Gilles.

En tête s'avance une escouade de cavaliers. Ce sont les *Puchots*, vêtus de leur casaque rouge. Puis viennent les corporations ouvrières au nombre de plus de cinquante ; car l'industrie est alors très florissante à Valenciennes. Chacune d'elles a son pennon, sa torche et son enseigne où paraît l'image du patron adopté, voire même son petit groupe de musiciens. Les chefs : connétables, jurés, etc., sont en costume officiel. Pour qu'il n'y ait point de confusion ou de conflit, le rang des groupes est assigné par un ban annuel du Magistrat. En 1575, les hautelisseurs tiennent la tête, tandis que, dans le siècle suivant, ils sont précédés par les amidonniers, les teinturiers et les chapeliers.

Voici maintenant les écoles tenues par les

religieuses: Badariennes, Sémériennes, Ursulines, et celles tenues par les maîtres primaires ; puis les apprentis qui fréquentent l'école dominicale, et les orphelins des deux sexes habillés de blanc et de bleu, couleurs de la Vierge. Ces enfants sont suivis des élèves qui font leurs humanités chez les Jésuites, les Carmes, les Dominicains ou les Augustins.

Le cortège se continue par les Ordres religieux. Les Capucins, les Récollets, les Carmes et les Dominicains, portent 20 châsses de l'abbaye des Prémontrés de Vicoigne, ainsi que les reliquaires et les statues de leurs propres couvents, notamment une Notre-Dame du Scapulaire et une Notre-Dame du Rosaire.

Ici se placent les chars dont plusieurs sont magnifiquement décorés de riches tentures et de guirlandes. On voit d'abord celui de sainte Cordule en forme de navire. Des jeunes filles entourent les reliques de la sainte, en chantant des chœurs ; puis les chars des diverses corporations ou confréries, reproduisant des épisodes bibliques ou de pieuses allégories. Il y en eut jusqu'à 40 en 1563. Au XVIIIᵉ siècle, les confrères de Saint-Jacques se distinguèrent dans ce genre de démonstrations artistiques ; des scènes où DIEU, la Sainte Vierge, les anges, les apôtres, la mort, la charité, etc., jouaient un rôle, se déroulaient aux yeux ravis des spectateurs.

C'est maintenant le tour des sodalités. Le héraut

de Valenciennes, Franquevie, vêtu de sa cotte d'armes en satin rouge, précède les Damoiseaux chargés de leur châsse. Viennent alors d'autres confraternités, entre autres celles de Saint-Éloi et de Saint-Nicolas, que suivent les compagnies bourgeoises appelées serments : les arquebusiers, les gladiateurs, les canonniers, les archers et les arbalétriers. Tous ces braves miliciens sont en armes, et marchent, enseignes déployées, au son du tambour et d'autres instruments. Plusieurs d'entre eux portent les fiertes et les statues de leurs saints patrons.

Paraissent ensuite les Béguines, saintes filles qui vivent en commun sans contracter de vœux : elles accompagnent leur directrice, appelée « Demiselle souveraine », et ses trois discrètes ou conseillères.

La confrérie de Saint-Jacques le Grand, qui a le privilège de nommer les administrateurs de l'Hôtel-Dieu.

L'ange du Saint-Cordon, porté par un Bénédictin d'Hasnon à cheval.

La fierte des Royés entourée d'un groupe de cavaliers. Les confrères ont revêtu leur costume. Comme dans la plupart des confréries, ils ont en sautoir une écharpe en festons de lierre. Leur main tient le bourdon ou bâton blanc à tête ronde, auquel sont adaptés un bouquet de fleurs et la boursette qui renferme les quelques deniers réservés à l'offrande.

Les reliquaires envoyés par les sanctuaires de la ville, les communautés et les maisons religieuses des environs.

La croix, les bannières et le clergé des paroisses.

Les chanoines de Saint-Géry et les religieux de Saint-Jean.

Les abbés d'Hasnon, de Crespin, de Vicoigne, de Saint-Jean et le doyen du Chapitre de Saint-Géry, tous sur le même rang.

Le Magistrat escorté des 14 sergents de la garde prévôtale.

La foule immense des fidèles qui clôt la marche.

Arrivé à la fontaine Saint-Gilles, située au delà, mais non loin des portes, le cortège stationne. Un prédicateur monte sur une estrade, et adresse un sermon de circonstance à ceux qui ne font pas le Grand Tour. Pendant ce temps, les Royés avec leur châsse précédée des Puchots et de l'ange du Saint-Cordon, entourée et suivie d'une grande multitude, continuent le pèlerinage, dans un circuit d'environ deux lieues. Quand ils sont de retour, la procession se réorganise et on reprend le chemin de l'église. Les statues et les reliques sont replacées dans le chœur, où elles doivent demeurer exposées pendant toute la neuvaine. On chante le *Salve Regina*, on reçoit la bénédiction du Saint Sacrement, et on se retire. Chaque corporation, chaque confrérie, chaque famille réunissent alors leurs membres dans un joyeux festin, qui termine gaiement cette belle journée.

Le Magistrat payait, sur les fonds de la commune, une partie des frais nécessités par cette imposante manifestation religieuse. En 1696, pour ne citer que cette année, la contribution de la ville s'est élevée, d'après les comptes, à 1179 livres tournois.

AUJOURD'HUI. — De nos jours la procession du Saint-Cordon se fait avec moins de pompe. Les abbayes, les corporations, les fiertes ont disparu dans la tourmente révolutionnaire. Mais ce qui constitue sa gloire principale est resté intact : nous voulons dire la dévotion populaire, aussi profonde, aussi démonstrative, aussi touchante que dans les siècles écoulés.

Le cortège de la Sainte Vierge, sorti vers 11 heures, le dimanche qui suit le 8 septembre [1], se compose du clergé des quatre paroisses et des deux chapelles de secours de la ville, ainsi que des PP. Maristes et des professeurs du collège Notre-Dame. Beaucoup de prêtres des environs viennent s'y adjoindre ; des groupes nombreux, organisés soit par le clergé, soit par les religieux ou les religieuses qui dirigent les

---

1. Quand le 8 est un dimanche, on fait ce jour-là la procession ; mais l'office liturgique ne commence alors que le 15. De cette façon la fête de la Nativité est toujours conservée.

écoles libres, s'échelonnent à la suite de la croix de leur paroisse respective, portant des statues, des emblèmes ou des reliques. Le Saint-Cordon n'y figure pas, hélas ! mais la Madone couronnée le remplace. D'après une tradition corroborée par d'anciens écrits, l'abbaye de Fontenelles a gardé pendant de longues années, avec un religieux respect, une partie du Saint-Cordon qui avait sans doute appartenu au moine Bertholin. Quelques débris de cette chère relique auraient été sauvés à la Révolution par l'abbé Barbet, l'ancien P. Simon, mort curé de la paroisse du faubourg Notre-Dame en 1818, et enfermés dans le piédestal de la statue. Quand celle-ci fut redorée, il y a plus de 30 ans, par les soins de l orfèvre Deffaux, on a minutieusement inspecté le socle sans rien découvrir.

La procession actuelle suit un itinéraire invariable. Elle parcourt les rues principales décorées et jonchées de fleurs, et se rend aux abords de la fontaine Saint-Gilles. Une vaste tente sert à abriter les bannières, statues, reliquaires, etc. On donne à la statue son costume de voyage ; et on se met en route pour le Grand Tour. Les uns précèdent la Madone, les autres la suivent, e Rosaire à la main ou le cantique aux lèvres. Elle est portée, tantôt par les hommes, tantôt, dans les chemins les plus faciles, par les femmes. Les confrères assignent à chacun son heure et sa place. Il y a quelques stations traditionnelles :

à la Croix d'Anzin, à l'église Sainte-Croix, au cimetière Saint-Roch, où le prêtre directeur du pèlerinage *extra muros* prononce une allocution, à Marly et à la petite chapelle de Notre-Dame des Sept-Douleurs. Quand la statue est retour-née à la tente, près de la fontaine, vers 3 heures, on lui remet son vêtement de cérémonie, et l'on s'achemine, avec le même appareil que le matin, vers l'église, où ont lieu le *Te Deum*, la prédi-cation et la bénédiction du Saint Sacrement.

Tous les jours de la neuvaine, les doyens et les chapelains de Valenciennes, ainsi que les curés des paroisses environnantes, viennent faire leur pèlerinage à Notre-Dame avec une partie de leurs ouailles. Il y a quotidiennement messe chantée et, le soir, salut solennel où quelque orateur sacré en renom célèbre les gloires de Marie.

Depuis plusieurs années on fait, le 3ᵐᵉ diman-che de septembre, un pèlerinage à la chapelle construite sur l'emplacement de l'ermitage de Bertholin. On y voit encore la fontaine de « Notre-Dame ès Pierres », qui a donné son nom à l'abbaye des Bernardines de Fontenelles.

CHAPITRE SIXIÈME

LES FAVEURS OBTENUES

LA Vierge du Saint-Cordon ne s'est pas montrée insensible aux témoignages d'amour et de confiance dont elle a été l'objet dans le cours des siècles. Que de larmes elle a essuyées ! Que de cœurs endoloris elle a consolés ! Que de malades elle a rétablis ! Que de pécheurs elle a ramenés dans la bonne route ! Cette protection efficace dont elle a récompensé la piété de ceux qui l'invoquaient isolément, elle l'a étendue, en bien des circonstances, sur le peuple entier dans les calamités publiques, semblant encore jeter autour de la cité dont elle est la patronne, comme un cordon sanitaire que la mort ne pouvait franchir.

C'est dans les épidémies surtout que la Sainte Vierge a fait éprouver à son peuple chéri l'efficacité de son secours maternel.

Dès que commençait à sévir un de ces fléaux destructeurs qui font, en peu de temps, les plus effrayants ravages, on courait dans les églises et surtout dans celle de Notre-Dame la Grande, implorer la protectrice de la cité. Le Magistrat se joignait aux fidèles pour attendrir le cœur de Marie dans la détresse commune. Ces manifestations unanimes d'une piété sincère obtinrent maintes fois une heureuse délivrance qui rendit plus vif encore l'attachement de Valenciennes à son auguste bienfaitrice.

En 1291, la peste fit son apparition à Valenciennes ; et, en peu de temps, plusieurs milliers de personnes en furent victimes. On s'adressa à la Sainte Vierge ; on vint en foule la prier dans la chapelle de Notre-Dame des Miracles, et on brûla en son honneur une *soignie*, ou mèche enduite de cire, ayant la longueur du tour de la procession. Marie se laissa toucher par ces supplications et par cette offrande, qui rappelait, d'une façon délicate et naïve, le prodige de l'an 1008. Le mal contagieux « s'esteignit à vue d'œil. »

En 1515, le terrible fléau recommença ses dévastations. En certains quartiers la mortalité fut si grande que, dans la rue des Anges, toutes les jeunes filles périrent, sauf une qui publiait hautement devoir son salut à la Sainte Vierge, dont elle avait invoqué sans cesse le secours au sein du péril. L'exemple de cette jeune fille ranima la confiance. On s'approcha des sacrements, on fit une procession de pénitence, on pria la Consolatrice des affligés, et dès lors la maladie cessa complètement.

Dans le siècle suivant, de 1665 à 1668, nouvelle invasion de la peste. On eut recours au remède ordinaire. Une messe solennelle fut chantée à Notre-Dame la Grande à la requête du Magistrat. On vint en foule prier Marie dans son sanctuaire; on se fit inscrire dans la confrérie du Saint-Cordon. Beaucoup de personnes se déclarèrent redevables à la Sainte Vierge de leur guérison. Enfin, peu de temps après la neuvaine de la procession commémorative, la contagion disparut. Les chefs de la cité, par gratitude, suspendirent dans la chapelle consacrée à Marie, en *ex-voto*, un grand cœur d'argent où on voyait ciselé l'événement miraculeux du XIe siècle.

Au XIXe siècle, de nouvelles épidémies firent de nombreuses victimes dans la contrée valenciennoise; mais, en ces tristes circonstances, la foi du peuple s'est montrée à la hauteur de celle des anciens jours, et la confiance en la Sainte Vierge s'est manifestée avec éclat.

En 1849, on fit, autour des murs de la ville contaminée, une procession extraordinaire. Elle attira un concours immense de fidèles, qui suivirent, pleins de recueillement et de piété, le clergé des paroisses. Il est permis de croire que la disparition du fléau fut hâtée par cette touchante manifestation de tout un peuple rendant hommage à la Mère de DIEU avec une si filiale tendresse.

En 1866, vers le milieu de septembre, le choléra, qui sévissait en Europe, éclata à Valenciennes comme un coup de foudre. Pendant un mois, il jeta le deuil et l'épouvante dans toutes les familles. Le doyen de la paroisse Notre-

Dame en fut atteint, et ne tarda pas à succomber.

NOTRE DAME DE VALENCIENNES.

Les infortunés habitants, dans cette terrible épreuve, se tournèrent vers Celle qu'on n'implora jamais en vain. On fit une neuvaine dans l'église Notre-Dame, et le soir de la clôture, 14 octobre, on organisa une procession autour de la ville. Il n'y avait ni groupes costumés,ni bannières, mais uniquement la statue de Notre-Dame du Saint-Cordon suivie du clergé chantant des hymnes à sa louange, et d'une foule compacte et recueillie. On parcourut les remparts, les places et les principales rues de Valenciennes.

La Madone entendit les soupirs de ses enfants, et exauça leurs ardentes prières. Dès ce jour, la mortalité s'arrêta, et les malades ne tardèrent pas à recouvrer la santé.

A cette occasion, le maire de Valenciennes, M. Bracq, publia dans les journaux de la localité, huit jours après la procession, une lettre digne de ces antiques « Prévosts-la-Ville », si chrétiens et si dévoués à Notre-Dame du Saint-Cordon.

Nous en citons un fragment :

« Une épidémie cruelle est venue s'abattre sur notre malheureuse cité. Les victimes ont été nombreuses, et s'il est vrai que tous sont égaux devant la mort, tous l'ont été devant le terrible fléau. Toutes les classes, tous les quartiers ont été indistinctement frappés et atteints, les pauvres dans une proportion moindre peut-être. A côté de cet immense désastre, une pensée consolante vient adoucir l'amertume de notre douleur. Cet adoucissement,nous l'avons puisé dans le spectacle de la bonne volonté, de l'admirable dévouement de la cité tout entière... Au milieu d'une population si sincèrement religieuse, l'espérance devait s'éveiller au souvenir de l'an 1008. La foi dans la divine protectrice de la ville de Valenciennes ne devait pas être trompée. Toute trace du choléra, nous pouvons le dire, a disparu aujourd'hui. »

CHAPITRE SEPTIÈME

LES PASTEURS

M. LALLEMAND. — Le premier prêtre à qui fut confiée la paroisse Notre-Dame, lors du rétablissement du culte, fut M. Guillaume Lallemand. Valenciennois de naissance, il avait exercé le saint ministère dans sa ville d'origine comme curé de Saint-Nicolas, dont l'église était située sur l'emplacement de la Petite Place Verte. Le terrain spirituel commis à sa sollicitude était fort ingrat : la Révolution, cette grande destructrice, l'avait lamentablement ravagé. La foi s'était éteinte ou affaiblie dans bien de ses ouailles. Sauf une élite, on s'était déshabitué de la vie chrétienne. Beaucoup de révolutionnaires devenus impuissants exhalaient encore leur fureur en menaces qui terrorisaient les faibles, et les rendaient peu sensibles aux avances de leur pasteur. Ajoutez que certaines gens du pays avaient participé au pillage des églises et des couvents, et que leurs remords se changeaient facilement en mauvaise humeur contre leurs victimes.

M. Lallemand ne se dissimulait pas la difficulté de sa tâche ; mais il ne recula jamais devant le devoir. Il pria, il catéchisa, il exhorta, sans se rebuter des obstacles, et sans regarder à la peine. Il eut le bonheur de ramener à Dieu un grand nombre d'âmes. Afin d'arriver à ce résultat si consolant pour un prêtre, il s'appuya particulièrement sur la dévotion à Notre-Dame du Saint-Cordon, qui avait surnagé, comme une précieuse épave, dans le naufrage des pratiques religieuses. Il fit sculpter la belle statue de la Madone actuelle, pour frapper les yeux par une représentation sensible de Celle dont la bonté avait secouru Valenciennes au XIe siècle ; et bientôt les conversions se multiplièrent. Du culte de la Mère, on passa insensiblement à celui du Fils : la paroisse était sauvée.

L'amour de M. Lallemand pour les pauvres était vif. Il fit de ces déshérités de la fortune, si nombreux après la tourmente sociale, l'objet de ses prédilections. Il les visitait dans leurs réduits, dans leurs galetas, dans les caves où beaucoup avaient un abri précaire, leur disant de douces paroles où le nom du bon Dieu se glissait comme un suave arôme pour les rendre attrayantes et fécondes. Il partageait avec eux toutes ses ressources et celles que des personnes charitables mettaient dans son aumônière, et vivait lui-même dans une austère simplicité : trompant sa faim par quelques légumes grossièrement apprêtés et couchant sur la dure.

Malgré le soin extrême qu'il mettait à cacher ses privations journalières, et le silence qu'il imposait là-dessus à son entourage, il en trans-

pirait assez pour le faire connaître. Tous disaient :
« C'est un saint ! »

Il avait voué une tendre compassion aux détenus : catégorie de pauvres qui sont privés, comme châtiment, de cette précieuse richesse : la liberté. Il allait voir volontiers et souvent *ses chers prisonniers*, comme il les appelait. Quel bien il fit dans ces sombres cachots, écoutant les lamentations de l'un, essuyant les pleurs de l'autre, arrêtant un blasphème ici, là une injure, versant l'huile et le vin de la charité sur les plaies morales de ces êtres aigris et révoltés contre DIEU et contre les hommes ! Qu'il était heureux quand, par les efforts réitérés de son zèle, il parvenait à conquérir à JÉSUS-CHRIST une de ces âmes égarées, et à y ramener, avec la grâce divine, la résignation et la paix ! Il n'oubliait pas les malades, qu'il visitait dans leur infirmerie, les consolant et leur laissant dans la main, avant de les quitter, de quoi se procurer *quelques petites douceurs*. Il revenait souvent de la maison de détention à court d'haleine et d'argent, mais avec la conscience d'un homme qui n'a pas perdu sa journée.

C'est dans l'exercice de ce laborieux ministère qu'il fut atteint du mal qui l'emporta après trois jours de souffrance, à l'âge de 76 ans. Il expira doucement en 1812, moins d'une semaine après la procession séculaire, qu'il avait réorganisée avec autant de pompe que le permettaient les circonstances.

M. Delannoy. — Le doyen du Cateau, M. Jean-Damase Delannoy, recueillit sa succession pastorale. C'était un de ces intrépides apôtres qui, pendant la période révolutionnaire, ont bravé tous les périls pour distribuer les secours spirituels aux chrétiens de notre diocèse. Désigné comme chef de la mission du Cambrésis, il parcourut pendant sept ans le pays confié à ses soins, soutenant la foi des uns, ranimant le courage des autres, excitant l'admiration unanime. Maintes fois il fut sur le point d'être surpris au chevet de quelque malade, à l'autel improvisé où il célébrait la messe, ou sur les routes détournées par lesquelles il s'acheminait portant le saint viatique. Mais Dieu veillait sur son serviteur : il évita toutes les embûches.

Lorsque le calme succéda à la tempête, le zélé missionnaire fut laissé, avec le titre de doyen, dans la ville du Cateau, qui avait été comme le quartier général de sa vaillante troupe apostolique. Il espérait y finir ses jours, lorsqu'en 1812 il dut quitter sa paroisse pour diriger celle de Notre-Dame à Valenciennes. Ce fut un dur sacrifice pour un septuagénaire ; mais il sut l'accepter en homme de foi, et il se dépensa tout entier au service de ses nouvelles ouailles.

Sans négliger aucune partie de son troupeau, il soigna avec amour l'éducation chrétienne de l'enfance. Il fonda plusieurs écoles, en aida d'autres de ses deniers, et fut assidu à visiter ses chers enfants dans leurs classes, où il aimait à leur adresser de paternels conseils, et à faire germer en eux la reconnaissance envers ceux et celles qui se dévouaient pour les instruire et les former à la vertu.

Il remplissait les devoirs de sa charge avec une piété touchante et communicative. On se sentait porté à la prière rien qu'à le voir à l'autel célébrer avec recueillement et dignité. Les heures qu'il pouvait dérober à ses occupations multiples, il les consacrait à l'étude de la théologie, de la Sainte Écriture et des Pères de l'Église. Il y puisait abondamment pour donner à ses homélies plus de solidité et plus de charmes. Heureux les prêtres qui peuvent dire, comme il le faisait souvent, dans ses dernières années, en montrant la Bible : « J'ai passé bien des heures délicieuses avec ce livre ! »

Il fut frappé d'apoplexie après 22 ans d'un long et fructueux ministère à Notre-Dame. Mgr Belmas, qui avait pour lui une haute estime, vint le visiter sur sa couche de douleur, et lui apporter ses paternelles consolations. Béni par son évêque, il s'endormit pieusement, en 1835, dans le baiser du Seigneur.

M. Delannoy aurait voulu pouvoir élever à la gloire de la Sainte Vierge un temple en rapport avec l'étendue et la situation prospère de sa paroisse. Ce bonheur ne lui fut pas accordé. Il eut du moins la joie de voir rétablie, en 1823, sur de nouvelles bases et enrichie d'indulgences par le pape Léon XII, la confrérie de Notre-Dame du Saint-Cordon, si chère à son cœur.

M. Pique. — A la mort de M. Delannoy, M. Hyacinthe-Flore Pique, doyen de Saint-Nicolas, à Valenciennes, fut mis à la tête de la paroisse Notre-Dame. C'était un prêtre pieux, d'une exquise bonté et d'une rare distinction de manières. Rien n'égalait la bienveillance du sourire par lequel il répondait au salut des passants. Son coup de chapeau était légendaire : il y allait de tout cœur. Il n'était point éloquent ; mais il préparait ses instructions avec un soin extrême ; et on les écoutait malgré tout avec plaisir et profit. Il tenait à la propreté dans sa pauvre église ; et il fit tous les sacrifices nécessaires pour rehausser, par la beauté du chant et la richesse des ornements, les solennités liturgiques. Il avait un attrait spécial pour le ministère des âmes dans le sacrement de pénitence. Chaque jour il passait au confessionnal de longues heures, écoutant avec une inaltérable patience ceux qui venaient chercher auprès de lui conseil, encouragement ou pardon.

La Providence, répondant à ses prières et à ses démarches, lui accorda la joie de voir s'établir, sur son territoire pastoral, des écoles nouvelles pour l'instruction et l'éducation chrétienne de la jeunesse.

Les sœurs de Sainte Thérèse d'Avesnes en 1845, les sœurs de la Sagesse en 1850, ouvrirent leurs classes ; et cette même année, se fonda le collège ecclésiastique Notre-Dame sous la direction du vénérable M. S. Neuwe. Ce qui mit le comble au bonheur de M. Pique, fut de pouvoir donner à la Vierge du Saint-Cordon, en 1864, un temple digne d'elle. Tous ses vœux étaient accomplis ; aussi aimait-il à redire : « Notre-Dame a retrouvé son église ; je n'ai plus rien à faire ici-bas : *Nunc dimittis servum tuum, Domine.* » Il vécut néanmoins encore deux ans, supportant, avec une édifiante résignation, les infirmités qui vinrent accabler sa vieillesse. Une attaque de choléra ravit, à l'âge de 72 ans, ce bon pasteur à la respectueuse tendresse de ses paroissiens.

M. Prouvost. — Il eut pour successeur le doyen de Landrecies, ancien professeur d'Ecriture Sainte au Grand-Séminaire de Cambrai, M. Gaspard Prouvost. Celui-ci fut vite apprécié pour sa fidélité à s'acquitter de ses devoirs, et pour son esprit judicieux, servi par une grande expérience des hommes et des choses. Ses avis étaient demandés avec empressement et adoptés avec une fidèle confiance. Instruire, éclairer, relever, affermir dans la foi et l'amour de Dieu ses paroissiens : tel était son idéal ; il travaillait chaque jour à l'atteindre. Sa prédication n'était pas celle d'un maître de l'éloquence ; mais elle était toujours marquée au coin d'une simplicité de bon aloi. Il s'exprimait avec lenteur ; le geste était monotone ; mais le langage partait du cœur, et il en trouvait le chemin. Les « Mes chers paroissiens, » dont il émaillait fréquemment ses phrases, étaient dits avec un tel accent de paternelle tendresse, qu'on ne se lassait pas de les entendre.

Pour parfaire l'œuvre de M. Pique, il crut répondre aux desseins d'En-Haut en complétant l'ornementation de l'église. Il fit ériger le Chemin de Croix et orner de statues les Fonts baptismaux. Grâce au concours des fabriciens, il procura à son église deux nouvelles cloches. Un legs important lui permit d'installer un orgue d'une grande puissance. La chapelle de Notre-Dame du Saint-Cordon devint, par ses soins, un chef-d'œuvre.

Le culte de la Madone valenciennoise était au nombre de ses plus chères sollicitudes. Voyant que, dans la procession annuelle, s'était glissé un peu de relâchement, parce que les pèlerins disséminés sur la route n'avaient rien pour alimenter leur piété, il organisa les choses de manière à former, le long du parcours, des points de repère où on se réunirait autour d'un ecclésiastique en surplis pour réciter des prières ou chanter des cantiques. Cette heureuse innovation donna au pèlerinage un cachet religieux tout à fait édifiant.

Ses dernières années furent traversées par de pénibles épreuves qu'il supporta avec cette sérénité des âmes d'élite, qui voient le doigt de Dieu dans chacun des événements humains, et adorent en tout les décrets de l'éternelle Sagesse. Les longues souffrances qui vinrent l'assaillir n'arrachèrent pas une plainte de ses lèvres. Il mourut à l'âge de 79 ans, en 1891, pendant le mois consacré à Marie, envers qui il avait une dévotion si tendre. Les regrets unanimes dont il fut l'objet firent voir en quelle haute estime la ville entière tenait ce bon prêtre.

M. Legrand. — L'héritage pastoral de M. Prouvost échut au doyen de St-Sauveur, à Lille, M. César Legrand, né en 1838. Depuis son installation, il n'a rien de plus à cœur que de maintenir les traditions de la paroisse, et de développer les éléments de vie surnaturelle qu'elle renferme. Son zèle éclairé et persévérant s'attache d'une manière spéciale à faire fleurir le culte de la célèbre Madone. Les résultats obtenus jusqu'aujourd'hui sont considérables. Un office et une messe propres de Notre-Dame du Saint-Cordon sont concédés par Rome. Sur les conseils du pasteur, M. le doyen Hécart, enfant de Valenciennes, a composé *La Neuvaine de Notre-Dame du Saint-Cordon*, excellent Manuel de piété qui fait les délices des pèlerins du XXe siècle, comme *La Cour Saincte de la glorieuse*

Vierge Marie, du P. d'Oultreman, a fait celles

MONSEIGNEUR MONNIER

des pèlerins du XVIIe siècle. La fête du couronnement, dont M. Legrand a été l'âme organisatrice, a eu une splendeur incomparable : nous ne pouvons en donner qu'une bien faible idée.

Cette cérémonie liturgique, qui eut lieu le lundi de la Pentecôte, 7 juin 1897, au cours d'une procession magnifique, marquera dans les annales du culte de Marie à Valenciennes. Le goût artistique des Valenciennois, leur générosité proverbiale, l'appoint apporté par de nombreuses paroisses de France et de Belgique, le zèle et l'érudition des organisateurs ecclésiastiques et laïques, tout a contribué à former un cortège digne de ceux d'antan, et propre à satisfaire les yeux et à émotionner pieusement les cœurs.

Dans cette merveilleuse théorie, on vit se dérouler, dans des groupes symboliques, l'histoire religieuse de Valenciennes depuis ses origines. Moines, évêques, fondateurs d'églises ou de couvents, confrères, saints personnages, protecteurs princiers, reliquaires défilèrent successivement sous les yeux ravis de cent mille spectateurs. La vie civile y eut ses représentants attitrés : vieux bourgeois de la *Franke Ville*, si fiers de leurs privilèges, Magistrat comprenant le Prévôt et ses 12 échevins, corporations avec leurs dignitaires : connétables, jurés, égards, etc., et leurs blasons, milices communales ou serments avec leur uniforme et leur pittoresque armement, etc.

Le défilé s'acheva par les délégations diocé-

MONSEIGNEUR SONNOIS.

saines et les groupes valenciennois portant les insignes du couronnement, entre autres le superbe diadème d'or orné de pierres précieuses et placé sur un socle surmonté des armes de la ville.

Plusieurs chars d'une élégante architecture et d'une grande somptuosité furent intercalés dans le cortège ; le dernier, le char triomphal de la Madone, était traîné par 6 chevaux blancs. La statue, placée sur une colonnade gothique, avait en mains le Saint-Cordon, que des anges rangés en demi-cercle soutenaient autour d'elle. Sur la plate-forme du char, des enfants en robes blanches composaient une troupe séraphique. Aux quatre coins on voyait les élégants pages de la céleste Reine.

Les vénérés prélats, Mgr Sonnois et Mgr Monnier, son auxiliaire, clôturèrent la marche, environnés d'un nombreux clergé.

La cérémonie se célébra sur la place d'armes, après un pathétique discours du P. Feuillette, Dominicain.

Cette journée laissa, dans tous ceux qui en furent les acteurs ou les heureux témoins, le souvenir le plus délicieux et le plus durable.

Le neuvième centenaire de la miraculeuse délivrance de Valenciennes approche. Tous, prêtres et fidèles, uniront leur foi et leurs efforts pour célébrer dignement cette date mémorable.

Leur joie serait à son comble s'ils pouvaient,
à cette époque, fêter Notre-Dame du Saint-
Cordon dans son temple élevé au rang de
basilique !

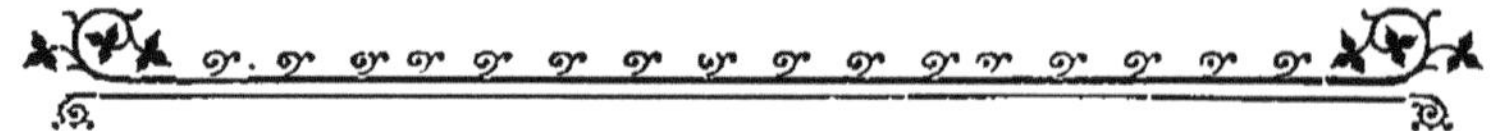

CHAPITRE HUITIÈME

CANTIQUES A NOTRE - DAME

DU SAINT - CORDON

I

SOUVIENS-TOI !

O Notre-Dame
Du Saint-Cordon,
Implore pour notre âme
Le céleste pardon !

Ah ! souviens-toi qu'un chrétien qui te prie
Trouve à sa voix ton cœur ouvert toujours ;
Nous t'invoquons, ô puissante Marie.
L'enfer nous presse : Au secours ! Au secours !

Dis à notre âme une douce parole,
Quand le Seigneur l'éprouve ou la punit ;
Jette sur nous ton regard qui console,
Touche nos fronts de ta main qui bénit.

D'affreux périls notre route est semée :
L'esprit du mal surveille tous nos pas.
Contre Satan, ô Mère bien-aimée,
Prête à tes fils la force de ton bras.

Astre des mers, sur l'océan du monde,
Au gré des flots, nous errons ballottés :
Prends en pitié notre nef vagabonde,
Et guide-la par tes douces clartés.

Combien de fois notre cœur trop fragile
S'est détourné de l'amour de JÉSUS !
Fais-nous chérir le CHRIST et l'Evangile,
Et retrouver nos premières vertus.

Lorsque du Ciel, qu'ont irrité nos crimes,
Les noirs fléaux se déchaînent sur nous,
Plaide en faveur de coupables victimes ;
Du divin Maître apaise le courroux.

II

PROTÈGE-NOUS !

Jamais un cœur qui te réclame
Ne demeure en son abandon.
Protège-nous, ô Notre-Dame,
Notre-Dame du Saint-Cordon !

ou

Au secours, ô Notre-Dame !
Du péril viens sauver nos jours.
C'est notre cœur qui te réclame :
O Notre-Dame, sauve nos jours !
O Notre-Dame, au secours ! au secours !

I.

Jadis par un fil tutélaire
Tu délivras notre cité ;
Et ce miracle séculaire
Dit ta puissance et **ta** bonté.

2.

La mort t'a cédé la victoire,
Elle a reculé devant toi;
Nos aïeux ont chanté ta gloire,
Et nous héritons de leur foi.

3.

Le mal aujourd'hui sur la terre
Étend son règne destructeur ;
Chasse le souffle délétère
De ce fléau dévastateur.

4.

L'enfer en courroux nous assaille ;
Les dangers planent sur nos jours ;
Protège-nous dans la bataille
Du bouclier de ton secours.

5.

Salut, noble et sainte Patronne !
Écoute les humbles accents
Que font monter jusqu'à ton trône
Tes serviteurs reconnaissants.

6.

Au Ciel ton amour nous convie ;
Conduis notre nacelle au port ;
Sois notre soutien dans la vie,
Et notre espérance à la mort.

III

VEILLE TOUJOURS !

A nos aïeux dans leur détresse
Autrefois tu portas secours ;
Sur tes enfants, avec tendresse,
Notre-Dame, veille toujours !

1.

L'histoire est là qui le proclame :
De tes bienfaits tu nous fis don ;
Sois-en bénie, ô Notre-Dame
    Du Saint-Cordon.

2.

Pour te fêter l'ardeur s'enflamme ;
L'orgue se joint au gros bourdon ;
On prie, on chante, ô Notre-Dame
    Du Saint-Cordon.

3.

Dans les combats ton oriflamme
Sera toujours notre guidon ;
Jusqu'au triomphe, ô Notre-Dame
    Du Saint-Cordon.

4.

Des noirs complots brise la trame ;
Du crime éteins l'affreux brandon.
Unis les cœurs, ô Notre-Dame
    Du Saint-Cordon.

5.

Le mal qui pleure ou qui se pâme
Gît sur la paille ou l'édredon ;
Viens le guérir, ô Notre-Dame
    Du Saint-Cordon.

6.

Dans bien des cœurs le vice infâme
Sème la ronce et le chardon ;
Mets y tes fleurs, ô Notre-Dame
    Du Saint-Cordon.

7.

Que l'orphelin qui te réclame
Ne reste pas à l'abandon ;
Deviens sa Mère, ô Notre-Dame
    Du Saint-Cordon.

8.

Quand sonnera cette heure où l'âme
Aura besoin du grand pardon,
Plaide pour nous, ô Notre-Dame
    Du Saint-Cordon.

CHAPITRE NEUVIÈME

GUIDE DU VISITEUR

DE L'ÉGLISE NOTRE-DAME (Valenciennes)

ARCHITECTURE GÉNÉRALE

L'ÉDIFICE, de style gothique pur, a comme dimensions : 68^m,30 de long, 20^m,20 de large, et 25^m de haut sous clef. Le chœur a 16^m de long, le transept 32^m,20. La voûte du transept a 26^{m}80 du sol. Le clocher a 83^m de haut.

Il y a trois nefs, séparées par douze piliers flanqués de colonnettes.

Une fausse galerie court entre les pointes d'ogives des travées et les hautes fenêtres.

Les fenêtres sont géminées et surmontées de rosaces quadrilobées.

Le chœur est séparé de l'abside par dix piliers dont les intervalles sont clos par de minces fûts espacés, et par les hauts dossiers des stalles découpés à jour. Le banc de communion est en marbre et pierre.

Le maître-autel, œuvre de Boucher d'Arras, est en marbre blanc. Des clochetons y servent de piédestaux à deux anges justiciers et à deux anges adorateurs. Aux côtés du tabernacle sont deux anges thuriféraires.

Le soubassement contient un groupe en pierre

du sculpteur Fache : neuf personnages y figurent la mise au tombeau du CHRIST.

Le pavement du chœur, fait de dalles blanches et noires, dessine en mosaïques les armoiries de Valenciennes et les sceaux de la ville.

Vis-à-vis du chœur, dans la ligne du transept, est suspendu un beau lustre en cuivre doré.

Dans l'abside, on remarque la chapelle du chevet dédiée à Notre-Dame du Saint-Cordon. A sa droite se trouvent la chapelle de saint Vincent, puis la sacristie ; à sa gauche, la cha-pelle de saint Joseph.

Deux chapelles s'ouvrent dans le transept : celle du Sacré-Cœur du côté de l'évangile, et celle des Trépassés du côté de l'épître.

VITRAUX

Les vitraux sont de Lévêque, peintre-verrier à Beauvais. Le thème général est la Glorification de la Sainte Vierge.

VITRAUX DES BASSES-NEFS
(Marie figurée et la virginité louée)

N.-B. Les sujets sont dans les rosaces des fenêtres. Les six premiers numéros (côté de l'épître) sont des figures de Marie ; les six autres (côté de l'évangile) sont des païens honorant la virginité. Il faut suivre en commençant près du portail.

6. Esther.	6. Sibylle de Cumes.
5. Judith.	5. Vestale.
4. Débora.	4. Druide.
3. Rachel.	3. Jeune victime grecque.
2. Sara.	2. Hiérophante grec.
1. Ève.	1. Prêtre éthiopien.

VITRAUX DU TRANSEPT
(Marie prophétisée et louée)

N.-B. Les huit premiers numéros (côté de l'évangile) donnent les prophètes qui ont annoncé Marie ; les huit autres (côté de l'épître), les principaux docteurs qui l'ont louée.

8. Jérémie.	8. St Bonaventure.
7. Isaïe.	7. St Bernard.
6. Salomon.	6. St Grégoire-le-Grand.
5. David.	5. St Augustin.
4. Moïse.	4. St Éphrem.
3. Jacob.	3. St Jérôme.
2. Abraham.	2. St Cyrille d'Alexandrie.
1. L'ange du paradis.	1. St Jean.

CHAPELLE DE NOTRE-DAME DU SAINT-CORDON

L'autel, réalisé sur les plans de Batigny, est en marbre blanc. Au soubassement sont deux bas-reliefs représentant : 1° le miracle du Saint-Cordon et 2° une allégorie : la Sainte Vierge protégeant Valenciennes.

L'autel est surmonté de trois tourelles. La tourelle centrale contient 1° derrière le tabernacle, une statue en marbre de Notre-Dame du Saint-Cordon ayant à ses côtés deux anges ;

2º au-dessus, un tableau sur pierre d'Houzé : Marie jetant le Saint-Cordon ; 3º au sommet, la statue miraculeuse ayant en main le Cordon précieux que soutiennent quatre anges situés à diverses hauteurs.

Les tourelles latérales ont, sur des colonnettes, six statues : Saint Zacharie, sainte Anne, le Bon Pasteur, — David, sainte Élisabeth, saint Joachim.

Différents marbres, des peintures, des mosaïques revêtent les murs. On y voit aussi quatre bas-reliefs : La Présentation de Marie, la Visitation, la Fuite en Égypte et le Couronnement de la Sainte Vierge dans le Ciel.

Le pavement en marbre blanc et noir est de la maison Baudson.

VITRAUX

La chapelle a cinq fenêtres géminées contenant chacune dix médaillons placés deux à deux. On les lit à partir du bas, et la 1re fenêtre est la plus rapprochée de l'entrée du côté de l'Évangile.

1re FENÊTRE
(Marie avant sa maternité divine)

9. Joseph instruit du mystère.	10. La Visitation.
7. Fiançailles.	8. L'Annonciation.
5. Miracle du bâton fleuri.	6. Marie présentée à Joseph.
3. Marie entre au temple.	4. Marie au travail.
1. Naissance de Marie.	2. Son enfance.

2ᵉ FENÊTRE
(Marie dans sa maternité divine)

9. La Sainte Famille.
7. Présentation de Jésus.
5. Les Mages chez Hérode.
3. Les Bergers aux champs.
1. Le Voyage de Bethléem.

10. Jésus devant les docteurs.
8. Fuite en Égypte.
6. Les Mages à Bethléem.
4. Les Bergers à la crèche.
2. La Nativité.

4ᵉ FENÊTRE
(Marie dans l'œuvre de la Rédemption)

9. Marie après l'Ascension.
7. L'Ascension.
5. Marie au pied de la Croix.
3. La Prédication de Jésus.
1. Mort de Joseph.

10. Mort de Marie.
8. La Pentecôte.
6. Apparition de Jésus à Marie.
4. La Voie douloureuse.
2. Les Noces de Cana.

5ᵉ FENÊTRE
(Marie glorifiée)

9. L'Immaculée-Conception proclamée.
7. Hommage des peuples à Marie.
5. Marie sur l'étendard des Francs.
3. Marie honorée au Carmel.
1. L'Assomption.

10. La Médaille miraculeuse.
8. Hommage des marins à Marie.
6. Hommage des rois à Marie.
4. Concile d'Éphèse.
2. Le Couronnement.

3ᵉ FENÊTRE
(Le Miracle du Saint-Cordon)

9. La Procession
7. Les Royés.
5. Le Saint-Cordon recueilli.
3. La Prédication de l'ermite.
1. La Peste de l'an 1008.

10. Consécration de l'église.
8. La Cour sainte de Marie.
6. La première Châsse.
4. La Nuit du miracle.
2. La Vision de Bertholin.

VITRAUX DU CHŒUR
(Marie dans le Ciel)

N.-B. Marie y est représentée comme Reine des cieux (nº 1), indiquée comme Reine des anges (nᵒˢ 2-3), comme Reine des patriarches (nᵒˢ 4-5), comme Reine des prophètes (nᵒˢ 6-7), comme Reine des apôtres (nᵒˢ 8-9), comme Reine des martyrs (nᵒˢ 10-11), comme Reine des confesseurs (nᵒˢ 12-13), comme Reine des vierges (nᵒˢ 14-15). Le nº 1 est au centre, nº 2 à sa droite, nº 3 à sa gauche, etc.

1. Reine des Cieux.

2. Sᵗ Michel.	3. Sᵗ Gabriel.
4. Sᵗ Jean-Baptiste.	5. Sᵗ Joseph.
6. Daniel.	7. Ezéchiel.
8. Sᵗ Pierre.	9. Sᵗ Paul.
10. Sᵗ Étienne.	11. Sᵗ Laurent.
12. Sᵗ Léon.	13. Sᵗ Louis.
14. Sᵗᵉ Agnès.	15. Sᵗᵉ Cécile.

CHAPELLE DU SACRÉ-CŒUR

L'autel très élégant a un tabernacle dont la porte est de bronze doré, avec un agneau figuratif en relief. La statue du Sacré-Cœur domine l'ensemble.

Deux anges porte-flambeaux sont à l'entrée de la chapelle. Les murs sont revêtus de marbres divers et, sur la droite, on voit trois grandes peintures représentant la Crèche, le Cénacle et le Calvaire. Les colonnes sont polychromées.

Deux fausses fenêtres encadrent celle du

milieu et contiennent des médaillons peints offrant différentes scènes de l'Évangile.

1re FENÊTRE (côté de l'Évangile)

9. Vocation des apôtres.
7. Baptême de N.-Seigneur.
5. Jésus au milieu des Docteurs.
3. St Joseph porte Jésus.
1. Adoration des Mages.

10. Tempête apaisée.
8. Mort de St Joseph.
6. Multiplication des pains.
4. La Samaritaine.
2. Noces de Cana.

2e FENÊTRE (côté de l'Épître)

9. La Femme coupable.
7. Le Bon Pasteur.
5. Jésus bénit les enfants.
3. Madeleine aux pieds de Jésus chez Simon.
1. Guérison de lépreux.

10. La Tradition des clefs à St Pierre.
8. Lavement des pieds.
6. Les Disciples d'Emmaüs.
4. Apparition de Jésus à Madeleine.
2. L'Enfant prodigue.

Le pavement est en dalles blanches et grises.

VITRAUX

La chapelle a deux fenêtres à vitraux relatifs à la Sainte Eucharistie, parce que primitivement elle était destinée au culte du Saint Sacrement.

1re FENÊTRE (côté de l'Évangile)
(Figures de l'Eucharistie)

9. Le Bon Pasteur.
7. Élie nourri par un ange.
5. L'Autel des parfums.
3. Les Pains de proposition.
1. La Manne.

10. La Messe.
8. Le Viatique.
6. Le Convive sans robe nuptiale.
4. La Salle du festin royal.
2. La Cène.

2e FENÊTRE

(Culte de l'Eucharistie)

9. L'Office lu au Pape.	10. La Procession du Saint Sacrement.
7. Le Concile de Vienne.	8. L'Office du Saint Sacrement composé par saint Thomas.
5. Le Miracle de Bolséna.	6. Le Corporal sanglant montré au Pape.
3. La Vision de la Bienhse Julienne.	4. Elle la révèle à l'archidiacre.
1. L'Emblème du poisson.	2. L'Adoration des anges.

CHAPELLE DE SAINT VINCENT DE PAUL

L'autel en marbre avait d'abord servi à Notre-Dame du Saint-Cordon dans sa chapelle. La statue de saint Vincent le surmonte actuellement.

Sur les murs sont deux motifs en relief :

1º Saint Vincent prêche pour ses œuvres.

2º Saint Vincent au milieu des forçats.

Deux médaillons de marbre contiennent des prières au saint.

VITRAUX

La chapelle a trois fenêtres à vitraux contenant chacune dix médaillons où sont rappelés les faits principaux de la vie du saint, ainsi que les œuvres nées de son zèle ou inspirées par son influence.

N.-B. Au moment de la pose, certains médaillons ont été placés à un rang qui n'était pas le leur : de là un certain désordre dans l'ensemble.

1re FENÊTRE

9. Il prêche à la cour.
7. Il visite les pauvres.
5. Il recueille des enfants délaissés.
3. Il fonde les Filles de la Charité.
1. Première aumône.

10. Il nourrit les affamés.
8. Il fonde la confrérie de la Charité.
6. Il visite les hôpitaux.
4. Il visite les galériens.
2. Dévotion du saint à N.-D. de Buglose.

2e FENÊTRE

9. Œuvre des retraites ecclésiastiques.
7. Il est aumônier des Visitandines.
5. Il va soulager l'agonie d'un mourant.
3. Sa piété envers le Saint Sacrement.
1. Il est réduit en esclavage.

10. Richelieu le consulte.
8. Il administre Louis XIII.
6. Il convertit le comte de Rougemont.
4. Retraite aux galériens.
2. Il convertit ses maîtres.

3e FENÊTRE

9. Œuvre des Bibliothèques de prêt.
7. Œuvre des Mariages chrétiens.
5. Œuvre des Catéchismes.
3 Œuvre des Maternités.
1. Missions à l'intérieur.

10. Œuvre des Mères chrétiennes.
8. Œuvre de la Visite des malades.
6. Œuvre des Conférences des dames.
4. Œuvre des Écoles ménagères.
2. Missions à l'extérieur.

CHAPELLE DE SAINT JOSEPH

L'autel en marbre et pierre est surmonté de la statue du saint. Le retable montre d'un côté l'intérieur de la Sainte-Famille ; de l'autre, la Présentation de Notre-Seigneur au Temple.

Les colonnes sont polychromées. Il y a deux fausses fenêtres où sont peints divers sujets relatifs au Patriarche de Nazareth. Les trois premiers numéros sont dans le premier compartiment. Le n° 1 est en haut.

Ire FENÊTRE (côté de l'Évangile)

1. Mariage de St Joseph.
2. Visitation.
3. Adoration des bergers.
4. Adoration des Mages.
5. Songe de St Joseph.
6. Fuite en Égypte.

2e FENÊTRE (côté de l'Épître)

1. Présentation au Temple.
2. Repos pendant la Fuite.
3. Intérieur de Nazareth.
4. La Sainte Trinité.
5. L'Enfant-Jésus offert à un saint religieux.
6. Joseph admire Jésus parmi les Docteurs.

Sous ces fenêtres sont sculptés deux médaillons : 1° La mort de saint Joseph ; 2° Saint Joseph, Patron de la bonne mort.

VITRAUX

La chapelle a trois fenêtres à vitraux, donnant, à cause de sa destination primitive, en trente médaillons, la vie de saint Gilles, ancien patron de Valenciennes.

Ire FENÊTRE (côté de l'Évangile)

9. Départ pour Arles.
7. Il prêche devant l'Aréopage.
5. Il guérit un blessé.
3. Il guérit un malade.
1. Sa naissance.
10. Il vit avec un ermite.
8. Il apaise une tempête.
6. Il délivre un possédé.
4. Mort de ses parents.
2. Son éducation.

2e FENÊTRE

9. Un ange lui révèle un secret.

10. Prophétie de la ruine du monastère.

7. On lui bâtit un monastère.

8. Consécration de la chapelle.

5. Il est blessé par un chasseur.

6. Le roi et un évêque le visitent.

3. Sa vie solitaire.

4. Une biche le nourrit.

1. Il guérit un fiévreux.

2. Pluie miraculeuse.

3e FENÊTRE

9. Miracle à son tombeau.

10. Apothéose.

7. Son trépas.

8. Ses funérailles.

5. On les place au monastère.

6. Le saint prédit sa mort.

3. Portes de cyprès jetées dans le Tibre.

4. Elles arrivent à destination.

1. Le secret communiqué au roi.

2. Résurrection d'un mort.

CHAPELLE DES TRÉPASSÉS

L'autel est en marbre blanc et noir. Le soubassement présente l'apparence d'un double sarcophage. Le retable se compose de tours crénelées. Au centre se dresse une grande croix au pied de laquelle rampe le serpent.

Sur la muraille est une peinture représentant l'Église triomphante, l'Église militante et l'Église souffrante.

Les colonnes sont noires ornées d'argent ; le pavement est en quadrillé noir et blanc.

VITRAUX

La chapelle a trois fenêtres à vitraux offrant chacune dix médaillons.

1ʳᵉ FENÊTRE (Au centre)
(Les souffrances de Jésus)

9. Mort de Jésus.

7. Portement de la Croix.
5. Ecce Homo.
3. Jésus chez Hérode.
1. Trahison de Judas.

10. Jésus descend de la Croix.
8. Crucifiement.
6. Condamnation à mort.
4. Flagellation.
2. Jésus chez Caïphe.

2ᵉ FENÊTRE
(Les souffrances humaines)

9. Le Meurtre du fils par les vignerons.
7. Le Fils de la veuve de Naïm.
5. Le Paralytique de la piscine.
3. L'Enfant prodigue.
1. Job.

10. Les dix Lépreux.
8. Le bon Samaritain.
6. L'Aveugle-né.
4. Guérison de la belle-mère de Sᵗ Pierre.
2. Lazare et le mauvais Riche.

3ᵉ FENÊTRE
(Les bonnes œuvres expiatoires)

9. Consolation des affligés.

7. Rachat des captifs.

5. Aumône : verre d'eau.
3. Aumône : argent et pain.
1. Funérailles chrétiennes.

10. Propagation de la foi, (départ).
8. Ensevelissement des morts, (Tobie).
6. Visite des prisonniers.
4. Aumône : vêtements.
2. Prière au cimetière.

CONFESSIONNAUX

Le plan est de Grigny ; la sculpture, de la maison Goyers à Louvain.

Aux tympans sont les statuettes de pénitents célèbres : David et saint Pierre (confessionnaux de l'abside) ; sainte Marie-Madeleine et saint Augustin (confessionnaux des basses-nefs).

CHAIRE

Le plan est de Grigny ; la sculpture, de la maison Goyers à Louvain.

La cuve hexagonale repose sur un pilier à trois faces, ayant aux angles une colonnette.

Sur ces faces sont : 1° l'arche de Noé ; 2° Moïse avec les tables ; 3° Isaïe avec le rouleau de ses prophéties.

Sur chaque colonnette est un ange aux ailes déployées soutenant la cuve.

Sur la cuve et l'abat-voix aux angles sont : saint Pierre, saint Paul, saint André, les autres apôtres.

Sur la rampe de l'escalier, sont des personnages symbolisant les sept dons du Saint-Esprit. La colombe emblématique est au ciel de l'abat-voix.

Au fond de la chaire contre le dossier sont figurées l'Espérance et la Charité.

CHEMIN DE CROIX

Les stations, imitées de celles de la Haye, sont en pierres. Elles sortent des ateliers de Charles Boulanger. Le nom des donateurs est inscrit sur chaque station, qui a coûté 1 100 francs.

FONTS BAPTISMAUX

La cuve est environnée de quatre statues en

pierre, figurant les quatre grands prophètes : Isaïe, Jérémie, Ezéchiel et Daniel, dans leur pose caractéristique.

ORGUES

L'orgue d'accompagnement est placé dans le chœur du côté de l'épître.

Le grand orgue, don de Mme Ed. Hamoir, coûte 100.000 francs. Il vient de la maison Mercklin et est construit d'après le système électro-pneumatique. Le buffet, œuvre de Ch. Boulanger, est remarquable.

Au-dessous des tuyaux se trouvent sculptés dans deux médaillons : sainte Mélanie et saint Edouard : patrons de la donatrice et de son époux.

La tribune très élégante peut contenir une soixantaine d'exécutants.

SACRISTIE

Dans la sacristie plusieurs objets méritent d'être signalés :

1º Un ostensoir historié, don de Mme Desruesnes-Lefebvre, et confectionné par la maison Poussielgue. On y remarque l'église actuelle, Marie jetant le Saint Cordon, saint Géry, saint Nicolas, saint Jean-Baptiste, saint Joseph. Les émaux de la base représentent, en avant, la Nativité de Notre-Seigneur, l'institution de l'Eucharistie et le crucifiement ; en arrière, le sacrifice d'Abraham, la source miraculeuse du désert, et le Père éternel présentant au monde Jésus crucifié.

2° Le trésor du Saint-Cordon, composé de précieux *ex-voto* : colliers, bagues, croix, broches, médaillons, etc.

3° La parure de fête de la Madone : couronne, sceptre, manteau, etc.

CLOCHER

Le clocher contient :

L'ancienne *Bancloche* ou *cloche du ban*, bourdon de 4500 kilogr., jadis au beffroi de la ville. Elle fut coulée en 1358.

Notre-Dame du Saint-Cordon (si), pesant 2560 kilogr., baptisée en 1889. Don de M. et Mme Alfred de Beaugrenier.

Joseph (ré), pesant 1500 kilogr., cloche baptisée en 1889. Don de MM. Prouvost, P. Dupont, E. Grimonprez, A. Leroy, L. Piérard.

Jeanne (sol). Coulée en 1533, cette cloche provient de Notre-Dame la Grande.

Judith. Don de M. H. Dubois-Fournier et de Mme Lelièvre-Serret. Elle fut coulée en 1831.

TABLE DES GRAVURES

Armes de Valenciennes.

www.ingramcontent.com/pod-product-compliance
Ingram Content Group UK Ltd.
Pitfield, Milton Keynes, MK11 3LW, UK
UKHW020013100726
13658UKWH00002B/935